안타깝지만 원고가 졌습니다

안타깝지만 원고가 졌습니다

초판 1쇄 발행 | 2023년 12월 1일

지은이 | 이재동
펴낸곳 | 도서출판 학이사
　　　　출판등록 : 제25100-2005-28호
　　　　주소 : 대구광역시 달서구 문화회관11안길 22-1(장동)
　　　　전화 : (053) 554~3431, 3432
　　　　팩스 : (053) 554~3433
　　　　홈페이지 : http://www.학이사.kr
　　　　이메일 : hes3431@naver.com

ISBN 979-11-5854-471-3   03330

안타깝지만 원고가 졌습니다

이재동 칼럼집

學而思 | 학이사

살아계셨어도
이 책을 읽지 못하실
어머니에게

글과 나

1959년 밀양

나는 1959년 4월에 경남 밀양 삼랑진三浪津이라는 곳에서 태어났다. 1959년은 아일랜드 기네스 맥주가 제조된 지 200년이 되는 해였고, 다윈이 『종의 기원』을 발표한 지 꼭 100년이 되는 해였다. 그해 벽두에 카스트로가 이끄는 쿠바 혁명군은 독재자 바티스타 정권을 무너뜨리고 수도인 아바나에 진군하였다. 여름에는 이승만이 정적政敵인 죽산 조봉암을 사형시켰고, 가을에는 최악의 피해를 발생시켰던 사라호 태풍이 덮쳐 낙동강 하류인 고향 동네의 둑이 터졌고, 겨울에는 「이방인」을 쓴 프랑스 작가 카뮈가 교통사고로 갑자기 죽었다.

밀양의 옛 이름은 '미리벌'이었다고 하는데, '미리'는

안타깝지만 원고가 졌습니다

'으뜸' 또는 '먼저'라는 뜻이다. 고은은 「만인보」에서 밀양을 '참으로 조선팔도에서 여기만큼 고비 많은 데 없음이여'라고 하여 반역의 땅, 저항의 땅으로 그렸다. 동쪽 울산 쪽으로는 영남알프스라 불리는 산세가 뛰어난 산악지방이지만, 김해평야로 연결되는 서쪽으로는 영남지방에서는 드물게 들판이 넓게 펼쳐져 있어 국제공항이 추진되기도 했다. 물산이 풍부하고 인심이 순후해서 수많은 아리랑 중에 슬프지 않은 아리랑은 〈밀양 아리랑〉밖에 없다고 한다.

유림의 세력이 강해 경부선을 건설할 때는 심한 반대로 다른 도시와 달리 역사驛舍를 시내 중심에 짓지 못하고 남쪽으로 뚝 떨어진 곳에 지었다. 당초 경부선과 경전선이 갈라지는 지점을 밀양역으로 하려고 하였으나 이도 남쪽인 삼랑진으로 할 수밖에 없었다고 하는데, 그 덕택으로 삼랑진은 일본말로 '노리카에[乘換]'를 하는 철도 교통의 요지가 되었다. 그래서 그런지 시골답지 않게 풍속이 사납고 별난 것으로 알려져 있다. 밀양 사람인 안경환 전 서울대 법대 교수는 '삼랑진도 행정구역상 엄연한 밀양의 일부이지만 진津이라는 이름이 상징하듯 당시에는 아랫것들의 동네에 불과했다'라고 삼랑진을 양반의 고장인 밀양에서 배제하고 있다.

삼랑진은 중학교 농업 교과서나 지리 교과서에는 배[梨]의 주산지로 언급되어 있었다. 하지만 우리가 자랄 당시에는 배보다 비탈에는 복숭아가, 낙동강 변의 평지에는 딸기나 토마토 같은 특용작물을 많이 재배하였다. 특히 비닐하우스가 없던 그 시절에는 봄철이 되면 부산이나 마산에서 기차를 타고 노지 딸기를 먹으러 오는 사람들이 들을 덮었다.

이름 날 것이 아무것도 없는 곳이라고 생각하고 있었는데, 고등학교에 들어가서 춘원 이광수의 장편소설 「무정」을 읽고 소설의 마지막 장면이 삼랑진을 배경으로 하고 있다는 사실을 알고 뿌듯한 적이 있었다. 내 고향이 한국 현대 소설의 효시인 명작의 무대라니! 이 소설에서 주인공들은 일본 유학을 가려고 경부선 열차를 타고 부산으로 가려다 홍수가 나 철길이 막히자 삼랑진역에서 내리게 된다. 수재민들의 참상을 목도하고는 역 대합실에서 수재민들을 위한 자선 음악회를 열어 베르디의 오페라 〈아이다〉에 나오는 슬픈 노래 등을 연주하여 대성공을 거둔다. 춘원은 주인공들이 만난 삼랑진 수재민들을 '미련하고 무감각해 보이는' 사람들이라고 표현했는데, 그런 사람들이 사는 한미한 소읍小邑이 내 고향이었다.

글을 깨치다 - 看書痴 간서치

취학 전 교육시설이 전무하던 시골에서 누가 가르쳐준 사람이 없었음에도 다섯 살 즈음에 한글을 깨쳤다. 지금이야

너무나 당연한 일이지만 당시에는 신기하다고 주위 어른들이 자신의 이름을 불러주면서 써보라고 하여 작대기로 땅바닥에 썼던 기억이 있다. 3남 3녀의 막내여서 형이나 누나들 어깨너머로 익힌 것이리라. 초등학교 고학년이 되어서도 글을 제대로 못 읽는 친구들도 제법 있었다. 일어서서 교과서를 낭독하라고 선생님이 시키면 제대로 읽지 못하고 떠듬거리기만 했다. 농번기에는 일손이 딸려 아예 학교에 나오지 못하는 학생들이 많았으니 그럴 만도 한 일이었다.

글을 깨치고는 늘 책을 끼고 살았다. 주위에 읽을 것이 없다는 것보다 나쁜 일은 없었다. 옛날 시골에 읽을거리가 풍부하지 못해 〈새농민〉 같은 잡지도 읽었고 하다못해 낡은 신문쪼가리라도 있으면 읽었다. 대구라는 대도시로 고등학교를 진학하면서 장서가 풍부한 학교 도서관을 이용할 수 있었다. 완행열차를 타고 고향으로 오가는 와중에 많은 책을 읽었던 것 같다. 하루는 집으로 가는 열차에서 도스토옙스키의 「죄와 벌」을 한참 읽고 있었는데 마침 그 유명한 전당포 노파를 살인하는 장면이었다. 노파를 도끼로 살해하고 뜻밖에 나타난 불쌍한 백치 처녀까지 살해하게 되는 끔찍한 장면에 빠져 문득 고개를 들었을 때는 내려야 할 고향역에 정차하였다가 다시 출발하고 있는 것이 아닌가! 다음 역인 매화로 유명한 원동역에 내려 달 없는 밤에 이십 리 철길을 터벅

터벅 걸어와야 했다.

　책에 빠져 사는 사람을 두고 책을 좋아하기를 여색女色을 밝히는 것처럼 한다고 해서 '서음書淫'이라고 하기도 했고, 조선 후기 선비 이덕무는 자신을 책만 읽는 바보라는 뜻으로 '간서치看書痴'라고 했다. 이덕무는 작은 초가집이 너무 추워 잠을 이룰 수 없자 한밤중에 일어나서 「한서漢書」 한 질을 이불 위에 비늘처럼 차곡차곡 덮어서 추위를 조금 누그러뜨렸고, 황소바람이 불어와서 등불을 흔들 때는 「논어」 한 권을 빼서 병풍처럼 세웠다고 가난 속에서도 서책을 포기하지 않음을 자랑하더니, 오랜 굶주림에 지쳐 「맹자」 일곱 권을 팔아 밥을 지어 실컷 먹었다고 친구 유득공에게 자랑하였다. 이 말을 듣고 유득공은 아끼던 「좌씨전」을 팔아 쌀을 사고 남은 돈으로 술을 받아 마셨다고 한다.

　사법시험을 준비할 때에도 수험서보다 문학이나 인문에 관한 책을 읽는 시간이 더 많아 핀잔을 들었다. 대학원을 다닐 때는 내가 고시 공부를 하고 있다는 것을 잘 아는 도서관 사서가 소설책을 빌려주지 않으려고 하기도 했다. 책 좋아하는 사람들은 다 그렇겠지만 어디 여행이라고 갈 때에는 지금 읽고 있는 책은 물론이고 몇 권을 더 넣어간다. 그래봤자 읽던 책도 다 읽지 못하고 돌아오지만 주위에 읽을 책이 없다는 것은 생각만 해도 끔찍하다. TV에서 누가 인터뷰를 하면 그 말보다는 배경의 서가에 꽂혀 있는 책들을 먼저 보게 된다. 매스 미디어나 영상 등 새로운 매체의 발달로 지식을 얻는 도구로서의 책의 위상은 많이 떨어졌지만 만질 수 있고 무게를 느낄 수 있는 '오브제objet로서의 책'이 주는 충족감은 비교할 바가 없다.

불문학자 김화영이 장 그르니에의 산문집 『섬』을 번역하면서 붙인 이 문장은 책을 사랑하는 사람들의 마음을 잘 나타낸 명문이다.

> "잠 못 이루는 밤이 아니더라도, 목적 없이 읽고 싶은 한두 페이지를 발견하기 위해 수많은 책들을 꺼내서 쌓기만 하는 고독한 밤을 어떤 사람들은 알 것이다. 지식을 넓히거나 지혜를 얻거나 교훈을 찾는 따위의 목적들마저 잠재워지는 고요한 시간, 우리가 막연히 읽고 싶은 글, 천천히 되풀이하여, 그리고 문득 몽상에 잠기기도 하면서 다시 읽고 싶은 글 몇 쪽이란 어떤 것일까?"

아르헨티나의 위대한 작가 보르헤스는 천국이라는 곳이 있다면 아마 도서관의 모양을 하고 있을 것이라는 유명한 말을 하였지만, 책을 읽는다는 일이 마냥 즐겁고 행복하기만 한 것은 아니다. 고통과 쾌락은 서로 뗄 수 없도록 붙어있어 하나를 당기면 다른 것도 따라오기 마련이어서 책을 읽는 것은 즐겁기도 하지만 고통스럽기도 한 경험이다. 그러나 그 고통을 통해서 세상에 대한 이해를 넓히고 생각의 힘을 키운다.

지금 늙어서 다시 돌이켜 보면 이런 무차별적 난독亂讀이 머릿속만 복잡하게 만들었지 어떤 지혜를 가져다준 것 같지는 않다는 생각도 든다. 차라리 여행을 다녀 새로운 것을 경험하는 것이 더 나았을 것이라는 생각도 든다. 프랑스의 사상가 몽테뉴는, "젊을 때 나는 과시하고 싶어서 공부를 했다. 그 뒤에는 얼마쯤 지혜로운 사람이 되려고 공부했으며, 지금은 소일거리 삼아 재미로 공부할 뿐 탐구하고자 한 적은 한 번도 없다."고 말한 적이 있는데, 꼭 내 형편을 말하는 것 같다. 비록 한 권을 읽으면 두 권이 머리에서 사라져 생산성이 전혀 없다 하더라도 시력과 체력이 허용하는 한 책은 아마 마지막까지 내 침대 옆에 있을 것이다.

사망부가思亡父歌

부모님은 학교 문 앞에도 가보지 못한 무학이셨다. 그래도 반농반상半農半商이셨던 아버지는 어떻게 한글을 깨치기는 하셨지만 그저 소리 나는 대로 적는 수준이었다. 무를 '무시'로, 배추를 '뱁차'라고 사투리 그대로 장부에 적으셨던 기억이 난다. 장부에 '박싱매'라는 이름이 있어 누군지 궁금했는데 알고 보니 내 친구 아버지였던 박승래 씨였다. 읍내에서 유일하게 종묘와 농약을 판매하는 사업을 시작하셔서

안타깝지만 원고가 졌습니다

내가 어릴 때에는 제법 번창하였고, 그 덕에 당시 시골에서는 드물게 6남매를 고등교육을 시키셨다.

그러나 말년에는 많이 배운 젊은 사람들이 같은 업종에 뛰어드는 바람에 날이 갈수록 장사가 되지 않았다. 짧은 문해력으로 복잡해지고 빠르게 변화하는 세태에 적응하기 어려우셨을 것이다. 젊을 때부터 호흡기 질환을 앓으셨는데 내가 중학교 3학년 때 갑자기 심해져 당시 큰누나가 신접살림을 하던 대구에 있는 동산병원에 입원하셔서 치료받던 중에 돌아가셨다. 임종하실 때에는 어머니만 옆에 계셨고 우리 남매들은 아무도 곁을 지키지 못했다. 다음 해 봄에 공교롭게도 동산병원 바로 맞은편에 있는 계성고등학교에 입학하게 되어 병원의 연두색 창문들을 물끄러미 바라보면서 저 큰 건물의 어느 깊은 곳에서 아버지가 돌아가셨겠구나 하는 생각을 하고는 했었다.

어느 깊은 가을날 오전 수업 중에 교감 선생님이 갑자기 문을 열고 들어오면서 말했다. "어이, 이재동! 가방 싸서 좀 나와 봐라!" 수업하던 과목 선생님이 뭐 때문에 그러느냐고 물어도 대꾸도 없었다. 의아해서 책가방을 싸서 나갔는데, 교감 선생님 뒤에 당시 집에서 둘째 누나에게 편물을 배우던 동네 선배 누나가 멀뚱히 서있었다. 그 누나 얼굴을 보는 순간 아버지가 돌아가셨다는 것을 깨달았다. 교감 선생님은 어깨를 두드리며 그냥 집에 가보라는 말만 하셨고 그 누나도 아무 말이 없었다. 서로 한마디 말도 나누지 않고 그 누나의 뒤를 따라 집으로 터벅터벅 돌아오는 가을 길은 멀게도 느껴졌다.

음력 시월 초하루에 돌아가신 아버지 상여 나가는 길 주위의 농토에는 가을걷이가 한창이었다. 밭에서 일하던 사람들이 허리를 펴며 들으라는 듯이 큰 소리로 한마디씩 말부조를 하였다. "아깝다! 한창 살 나이인데…." 가수 정태춘의 노래 〈사망부가思亡父歌〉를 듣고 있노라면 그럴듯한 비석이나 상석 하나도 세우지 못했던 아버지 무덤이 생각이 난다.

> "저 산꼭대기 아버지 무덤
> 모진 세파 속을 헤치다 이제 잠드신 자리
> 나 오늘 다시 찾아가네
> 길도 없는 언덕배기에 상포 자락 휘날리며
> 요랑 소리 따라가며 숨 가쁘던 그 언덕길
> 지금은 싸늘한 달빛만 내리비칠
> 아, 작은 비석도 없는
> 이승에서 못다 하신 그 말씀 들으러
> 잔 부으러 나는 가네"

안타깝지만 원고가 졌습니다

어머니

어머니는 평생 한글을 깨치지 못하셨지만, 숫자는 읽고 셈은 빠르셨다. 내가 초등학교 5학년이나 6학년쯤 되었을 때 어머니에게 한글을 가르치려고 한 적이 있었다. 막내여서인지 어릴 때부터 부모님 방에서 두 분 사이에서 잠을 잤다. 어머니도 의욕적이어서 매일 잠들기 전에 잠깐씩이라도 한글 공부를 하자고 약속을 하고는 기역, 니은부터 공책에 쓰곤 하였는데 며칠 하다가 흐지부지 되었다. 세월이 흘러 되돌아보면 두고두고 후회가 되는 일이다.

자식들 이름 정도는 구별할 수 있어 편지가 오면 누구에게 온 것이라고 부르곤 하셨다. 혼자되신 후 대구로 이사를 오고 노년에 접어들면서는 어떻게 낯선 사람들 앞에서 글을 읽어야 할 상황이 되면 노안으로 눈이 어두워 읽을 수 없다는 핑계를 대셨다. 변호사로 일하면서 법정에 증인으로 나와 선서문을 낭독하라고 하면 눈이 어둡다고 정리廷吏에게 읽게 하는 나이 드신 분들을 가끔씩 보게 되는데 어머니가 떠올라 문맹자의 핑계가 아닐까 하는 생각이 들고는 했다.

서양에서는 난독증〔dyslexia〕이라고 해서 멀쩡한 지능을 가지고 교육을 받았음에도 글을 읽지 못하는 장애를 가진 사람들이 많다고 한다. 영화 「더 리더The Reader: 책 읽어주는 남자」는 문맹인 여성이 주인공이다. 이 아름다운 여성은 유대인 학살에 관여한 나치의 부역자로 몰려 재판을 받게 되는데, 법정에서 자신에게 모든 것을 떠넘기는 서류에 적힌 필적을 대조하고자 글씨를 써보라는 판사의 명령을 거부하고 중형을 선고받는다. 감옥에 갈지라도 자신이 문맹이라는 수치스러운 사실을 밝히기 싫었던 것이다.

옆에 책이 없으면 불안하고 허전하며 문서에 둘러싸여 이를 해득하고 또 문서를 작성하는 것이 평생 밥벌이인 나에게는, 눈 뜨면 보게 되는 문자들이 해득 불가능한 암호인 세상이 어떤 것일지 상상이 잘 되지 않는다. 식솔들을 거느리고 그런 세상을 홀로 꿋꿋하게 헤쳐오신 어머니의 삶은 또 어떤 것이었을까.

아버지가 돌아가시고 우리가 다 장성하여 자기 밥벌이를 할 때까지 어머니의 삶은 신산辛酸 그 자체였을 것이다. 아버지가 돌아가실 당시 큰누님이 이미 결혼하여 동생들에게 도움을 줄 정도가 된 것은 어머니에게도 참 다행한 일이었다.

내가 대구로 고등학교에 진학한 후 얼마 되지 않아 아버지가 직접 지으셨다는 읍내의 번듯한 집을 팔아 빚잔치를 하고, 같은 동네에 아주 험하고 초라한 작은 집을 사서 이사를 하게 되었다. 주말이 되어 기차를 타고 역에서 내려 이사한 집을 찾아가는 길은 슬펐다. 어두운 저녁이었지만 아는 사람을 만나는 것이 두렵기도 하였다. 어차피 잘 아는 동네였고 어느 집이라는 것도 미리 들어 대충은 짐작하고 있어 쉽게 찾을 수 있었는데, 어색하게 문을 들어서자 어머니가 환하게 웃으면서 맞았다. "자슥, 잘 찾아오네. 역에 나가볼라 캤더만…" 일부러 불도 다 켜놓고 저녁도 지어놓으셨던 것이다.

　소설가 이청준의 자전적인 단편「눈길」은 감성이 그렇게 풍부하지도 않은 나에게 베갯잇이 젖을 정도로 많은 눈물을 쏟게 하였다. 작가의 고등학교 시절 어머니와의 일에 대한 회고가 위에서 밝힌 나의 불우했던 경험을 되살렸기 때문이다. 작가는 장흥에서 자라 광주로 진학하였는데, 그동안 큰형의 방탕과 죽음으로 집안이 몰락해서 전답을 다 팔고 혼자된 어머니는 결국 집까지 넘기게 되었다. 작가는 어머니가 걱정이 되어 겨울 저녁에 고향 마을을 찾는데, 살 집도 없게 된 어머니는 이미 남의 집이 된 텅 빈 집에서 새 집주인의 양해를 얻어 일부러 불을 밝히고 저녁밥을 지어놓고 아들을 기다린다. 밤을 지낸 후 동네 사람들의 눈을 피해 다시 광주로 돌아가는 아들을 배웅하기 위해 함박눈이 내린 새벽길을 모자가 말없이 시외버스 정류장까지 먼 길을 걸어간다. 아들은 그 뒤의 일은 알지 못하지만 세월이 한참 흐른 뒤 일부러 잠든 척하며 회피하는 아들 옆에서 어머니는 며느리의 독촉에 못 이겨 둘이서 걷던 발자국을 되짚으며 혼자서 돌아오던 눈길을 회상한다.

"울기만 했겄냐. 오목오목 디더놓은 그 아그 발자국마다 한도 없는 눈물을 뿌리며 돌아왔제. 내 자석아, 내 자석아, 부디 몸 성히 지내거라. 부디부디 너라도 좋은 운 타서 복 받고 살거라… 눈앞이 가리도록 눈물을 떨구면서 눈물로 저 아그 앞길만 빌고 왔제…."

이청준은 그 뒤 고학으로 대학을 마치고 장성할 때까지 고향과 어머니를 찾지 않은 것으로 알려져 있는데, 내 어머니는 미욱하기만 한 막내아들이 늦게 자립할 때까지 옆에서 기다리고 도와주었다. 어머니는 모진 중년 고생은 하셨지만 6남매가 다 장성하여 큰 풍파 없이 잘 살고 있어 편안하게 노년을 보내시고, 건강하고 맑은 정신으로 97세까지 사시다 올해 초에 돌아가셨으니 참 고마운 일이 아닐 수 없다.

2023년 대구

1993년 초에 사법연수원을 수료할 당시 어차피 연수원 성적은 좋지 않아 판검사 임용은 물 건너갔고 변호사를 하여야 하였는데, 당시 연수원 지도교수님께서 고향이 경남이니 변호사도 많고 경제규모도 작은 대구보다는 고향 사람이 많은 부산에서 개업하라고 권유하셨다. 실제 부산에 가서 선배 변호사도 만나보고 고용변호사 자리도 나고 했는데, 신혼인 데다가 아들도 막 태어난 터에 이사를 가는 것이 쉽지 않았다.

안타깝지만 원고가 졌습니다

원체 현실개척의지나 적극성이 부족한 데다가 결정장애까지 있어 뭉기적거리다 대구에 주저앉은 것이 벌써 30년이 되었다.

중학교까지 고향에서 다녔고 고등학교와 대학을 대구에서 다닐 때에도 집은 고향에 있었다가 대학 졸업한 이후에 대구로 다 이사를 왔으니, 내 인생은 밀양과 대구라는 좁은 경계를 벗어나지 못했다. 경상도 지역에서 주로 근무한 검사가 자신을 자조적으로 '신라 검사'라고 하였는데, 내 삶도 삼국시대 신라 영토를 벗어나지 못하는 따분한 것이었다. 고등학교를 대구로 온 것은 당시 서울과 부산은 고교 입시 무시험이 시작되어 타지 중학생 출신들이 들어갈 수 없기도 하였고, 또 결혼한 큰누나가 대구에 살고 있어 도움을 줄 수 있었기 때문이기도 하였다. 대구라는 도시가 나름의 특색이 있겠지만 오래 살아보면 어느 곳이나 다 비슷비슷하다는 생각이다. 가지 않은 길에 대해서 돌아볼 때 더 좋은 쪽으로 생각하게 되는 것이 사람의 일반적인 성향인데 대구에 주저앉은 것에 별 후회는 없다. 프로야구가 시작될 때에 삼성과 롯데를 두고 삼성을 응원한 것에 대해 고향친구들은 배신이라고 아직까지 비난한다. 그래도 삼성이 우승도 훨씬 많이 하고 성적도 좋으니 잘 한 선택이다.

대구에서 30년 동안 변호사로 밥을 벌어먹으면서 인생의 가장 좋은 시절을 다 보냈다. 내가 좋아하는 역사적 인물들은 대부분 지금의 나보다 이른 나이에 세상을 떠났다. 늙어가면서 내가 이제는 누구보다 더 오래 살게 되었구나 생각하고는 한다. 쉰이 되면서는 김수영 시인보다, 환갑이 되어서는 도스토옙스키보다 더 오래 살았다는 감회가 있었다. 이제는 노무현 대통령보다 더 오래 살게 되었다. 요즘은 아침마다 몽테뉴의 『에세』를 조금씩 읽으면서 늙음과 죽음을 담담하게 받아들이는 법을 배운다. 키케로는 철학자의 삶은 죽음을 공부하는 것이라는 말을 하였다지만, 죽음은 삶의 끝이지 목적이 아니라는 몽테뉴의 말에 따라 현재의 삶을 더 알차고 보람 있게 보내려고 노력한다. 공자도 자기 자신을 '즐기느라 근심을 잊어(樂以忘憂), 늙어가는 것도 알지 못하는(不知老之將至)' 사람으로 말해달라고 하지 않았던가.

몽테뉴는 번역본으로 2천 페이지가 넘는 방대한 책의 마지막에서 노년에 건강과 지혜를 지켜달라고 신에게 빈다. 쾌활한 지혜, 사람과 어울리는 지혜를 지켜 달라면서 호라티우스의 시로써 끝을 맺는다.

> "아폴로 신이여, 내게 오직 튼튼한 건강을 허락하고
> 내가 모은 재산을 쓸 수 있게 해주소서.
> 그리고 비노니 내 정신 멀쩡하고

안타깝지만 원고가 졌습니다

부끄럼 없는 노년이 되게 하여
아직도 리라를 켜게 하소서."

    다른 전문직과는 달리 변호사라는 직업은 끊임없이 지역 사회의 일에 관여하기를 요구받게 된다. 게으른 천성에 맞지 않게 여러 과분한 직책도 맡았다. 그중에서도 글쓰기는 늘 힘들지만 뿌듯한 일이었다. 남의 좋은 글을 읽어만 오다가 자신의 글을 지면에 발표하고 대중에게 드러내는 것은 부끄럽기도 하고 공부를 더 하여야겠다는 마음을 다지게 하기도 하였다.

    이탈리아의 기호학자이자 작가인 움베르토 에코는 세상의 모든 바보들은 언젠가는 자신이 쓴 원고뭉치를 들고 출판사를 찾게 된다고 하였는데 그 꼴이 되어버렸다. 오랜 기간 동안 여러 곳에 썼던 글들을 이맘때쯤 한번 정리하는 것도 좋겠다는 생각이 들어 신중현 학이사 대표의 권유에 응하게 되었다. 못난 글들을 모아놓으니 더 못나 보인다. 그러나 어떡하랴! 다 내 못난 머리에서 나온 것들이니….

2023년 가을 용지봉 아래에서
이재동

2_
괭이밥에 관한 생각

3_

미혹되지 않는 마음

4_
내 마음속의 파시즘

5_
법은 사랑처럼

6_
거칠고 날 선 정의

1

끝과 시작

내가 가지고 있는 시간들

프랑스어로 사람의 나이를 말할 때는 존재나 상태를 나타내는 동사를 쓰는 것이 아니라 소유를 나타내는 동사를 쓴다. 즉 우리나라 말을 포함한 일반적인 언어에서는 '나는 스무 살이다'고 표현하지만, 프랑스 사람들은 같은 말을 '나는 20년을 가지고 있다'고 표현하는 것이다.

처음 프랑스어를 배울 때에는 그 표현이 어색한 것으로 생각이 되었지만 곰곰이 생각해보면 참 일리 있는 표현이라는 생각도 든다. 내가 살아온 시간은 어딘가로 사라지는 것이 아니라 성실하게 모은 정기적금처럼 온전히 내 소유가 된 것이며, 또한 지금의 나를 이루고 있는 것이다.

20세기 초 프랑스 작가인 마르셀 프루스트의 소설 『잃어버린 시간을 찾아서』는 지나간 시간을 마치 금고 속에서 꺼내어 하나하나 확인하여 치부책에 적어놓고 다시 윤기를 내어 보관하듯 기가 질리도록 집요하게 천착한 작품이다. 이 소설의 결론 부분에서 작가는 "한 시간이란 단순히 물리적인 한 시간이 아니다. 그것은 향기와 소리와 계획과 분위기로 가득 찬 꽃병이다. … 우리가 현실이라고 부르는 것은 바로 그 순간에 우리를 둘러싸고 있는 감각과 기억 사이에서 나타나는 조화로운 관계"라고 썼다.

시간은 그 자체로서 존재하는 것이 아니라 거기에 담긴 내용으로 기억되고 간직되는 것이다. 그렇게 생각하면 늙는다는 것도 재산이 많아지는 것처럼 여겨져 자랑스럽게 생각할 수도 있겠다. 프랑스식으로 표현한다면 나는 지금 53년에 가까운 시간을 소유하고 있다. 사람들은 늘 왜 그렇게 세월이 덧없이 빠르게 지나가는 것인가를 한탄하지만, 나를 만든 그 시간들은 나 자신 속에 쌓여있어 다가올 시간들에 사용할 수 있고 기댈 수 있는 든든한 언덕이 되는 것이다.

고대 로마의 성聖 아우구스티누스는 『고백록』의 일부를 할애하여 시간의 개념에 관하여 장황하게 논의하고 있다. '아무도 우리에게 시간에 관하여 묻지 않는다면 우리는 시간이 무엇인지 잘 알고 있지만, 누군가 설명을 해달라고 할 때 우리는 시간에 관하여 알지 못한다' 그는 무엇보다 과거가 따로 있는 것이 아니라 현재로서만 존재하는 것이며, 과거가 아니라 '과거 일의 현재'만이 존재한다고 말했다.

많은 사람이 연말이 되면 더욱더 시간의 빠름을 느끼고

소중한 시간을 낭비한 것 같은 허탈한 감정에 빠지기도 하지만, 이미 말한 것처럼 시간은 써서 없어지는 것이 아니라 무언가를 담아 차곡차곡 쌓아두는 것이다. 각각의 시간은 서로 다른 사람과 풍경과 분위기와 감정으로 이루어져 있으며, '텅 빈 시간'은 존재하지 않는 것이다.

시간을 허비하였다는 죄책감은 서양에서 근대 산업혁명 이후에야 사람들이 느끼기 시작한 감정이라고 한다. 미래에 많은 재산을 모으거나 높은 명예를 누리는 것이 일반적인 인간의 목적으로 전제된 이후에야 시간을 어떻게 사용해야 하는가에 대한 판단이 있을 수 있는 것이다. 그렇다면 우리가 미래의 어떤 시점과 공간에서의 막연한 성공을 위하여 현재의 시간을 폭력적으로 사용할 것이 아니라 지금의 시간을 좀 더 풍성한 것으로 만드는 것에 만족한다면, 산업사회의 물질주의가 강요한 시간의 굴레에서 벗어나 지나간 시간을 재산처럼 자랑할 수 있고 순간순간을 좀 더 충실하게 사용하는 시간의 주인이 될 수 있지 않을까.

안타깝지만 원고가 졌습니다

신년의 인사

해가 바뀐 지도 한 달이 다 되어간다. 젊은 시절에는 새해를 맞으면서 비장한 마음으로 새로운 결심과 각오를 다지기도 하였으나 이순耳順에 접어든 지금에는 한 해를 보내는 회한이나 새로운 해를 맞는 희망이란 것을 도대체 가질 여유도 없이 쏜살같이 흐르는 시간을 그저 망연자실 바라보고 있는 형편이다. 이는 어차피 그런 각오라는 것도 흐지부지되기 십상일 뿐 아니라 아무리 애쓴다 하더라도 일이 반드시 당초에 생각했던 방향으로 가는 것은 아니라는 자포자기의 믿음 때문이기도 하다.

오히려 한 매듭을 건널 때마다 점점 더 빨라지는 시간의 흐름에 깜짝깜짝 놀라게 되는데, 대체 한 해가 왜 이렇게 빨리 지나가며 마치 두세 달 정도로 짧게 느껴지는 것인지, 그동안 나는 대체 무얼 한 건지, 뭘 느끼고, 뭘 보고, 뭘 이루었는지, 왜 이렇게 기억나는 일이 적은지를 탄식하게 되는 것이다.

어릴 때는 그렇게 더디던 시간이 나이가 들수록 빠르게 흘러가는 것처럼 느껴지는 것은 많은 사람들이 공감할 일이다. 한 시간이나 하루의 길이가 옛날과 똑같은데도 왜 1년은 더 빨리 지나가는 것일까. 철학자 폴 자네는 사람의 인생 중 어떤 기간의 길이에 대한 느낌은 그 사람이 살아온 인생의 길이와 관련되어 있다고 하였다. 열 살 된 아이는 1년을 인생의 10분의 1로, 예순 살의 남자는 60분의 1로 느낀다는 것이다.

그러나 보다 근본적인 이유는 욕망에 가득 찬 젊은 시절에는 삶의 변화가 많아 하루하루 새로운 일이 많기도 하고, 같은 일에도 깊은 인상을 받으며 그 인상들이 생생하고 신선하기 때문이라고 생각된다. 이에 반해 중년 이후에는 삶이 고정되어 변화가 없이 단조로워 깊은 인상을 남기는 일이 적으므로 시간의 흐름을 느끼지 못하게 되고 기억 속에서 시간은 축약된 형태로 존재하게 된다. 프랑스의 작가 알베르 카뮈는 이렇게 말하였다. "시간이 빨리 흘러가는 것은 우리가 거기에 아무런 표시도 하지 않았기 때문이다. 천장의 달에서 지평선의 달까지, 젊은 시절의 시간이 긴 것은 이와 같은 지표로 가득 차 있기 때문이고, 노년의 시간이 짧은 것은 이미 지표가 만들어져 있기 때문이다."

이 빠른 시간의 흐름을 늦추고 자신의 통제 아래에 두기

안타깝지만 원고가 졌습니다

위해서는 인생의 목표를 많은 것을 얻는 것에 두기보다는 많은 것을 느끼고 감탄하고 배우는 것에 두어야 한다는 생각이다. 어제와 오늘이 다르지 않은 평온한 생활에 안주하기보다는 늘 새로운 변화를 찾아 떠나는 자세가 필요하다고 하겠다. 늦었다고 생각할 때가 가장 이른 때라고 한다. 나이를 의식하고 주위의 눈이 무서워 남들이 하는 대로 살아간다는 것은 시간을 가장 덧없이 보내는 어리석은 일이다.

복잡한 씨줄과 날줄로 엮여서 살아가는 현대 사회에서 늘 새로운 변화를 추구할 수는 없다고 하더라도, 평범한 일상의 사소한 일에서도 기쁨과 감동을 느낄 수 있는 풋풋한 감성이 필요하다. 좋은 친구는 많이 가지거나 많이 아는 친구가 아니라, 같이 감동하고 같이 감탄하고 같이 분개할 수 있는 친구다. 좋은 술친구는 세상일에 심드렁한 표정을 짓고 있는 친구가 아니라 술과 음식과 들리는 음악에 같이 감동할 수 있는 친구인 것이다.

세상에 대하여 새로운 느낌을 가질 때마다 그 시간은 하나의 지표로 각인되어 시간의 흐름을 그만큼 더디게 할 것이다. '모든 일에 열광하고 아무것에도 집착하지 마라' 는 좌우명은 삶의 시간을 가장 충실하고 마디게 쓰기 위하여 새겨둘 만한 말이다. 미래의 어떤 시점에서 되돌아볼 때 올 한 해가 많은 추억과 더불어 '인생에서 가장 길었던 해' 로 기억되기를 바란다.

사십 세*

사라진 눈[眼]들

꺼내기도 부끄러운 이야기이지만 어린 시절에는 미국 대통령이 되는 공상을 하곤 했다. 벽안의 미녀를 만나 연애를 하고, 미국에 귀화하여 승승장구하여 상원의원을 거치고 선풍적인 인기로 대통령에 당선된다는 줄거리였다. 누구나 어릴 때에는 이런 종류의 황당무계한 꿈을 가져보곤 하는데 어른이 된 후에도 가끔씩 그 생각이 떠오르면 혼자서도 얼굴이 붉어지는 것이다.

교육을 받고 성년이 되어가는 것은 자신의 한계를 깨닫고 점점 현실적으로 되어가는 과정이다. 수십 년 만에 고향의 친구들을 만났을 때, 현실에 부대끼면서 피폐해진 모습의 어

---

* 만 사십 세가 되던 1999년에 대구지방변호사회지 〈형평과 정의〉에 실은 글이다.

안타깝지만 원고가 졌습니다

느 구석에도 그 옛날의 총기와 꿈의 흔적을 발견하지 못하고는 비감한 심정이 되는 것은 어쩔 수 없는 일이다. 시인 횔덜린은 옛 고향으로 돌아와서 "그 눈[眼]들은 다 어디로 갔나." 라고 한탄하였다. 번잡한 일상에 시달리고 눈앞의 이익과 쾌락에 전전긍긍하다가 문득 많은 가능성들이 나의 인생에서 사라졌음을 느낄 때가 있다. 이제는 에베레스트 산의 꼭대기에 오르지도 못할 것이다. 결코 칸트의 '비판 삼부작'을 읽어내지도, 그럴듯한 책을 쓰지도 못할 것이다. 테니스 코트가 있는 저택에서 살지도 못할 것이고 그렇다고 극심한 가난을 경험하지도 않을 것이다. 대의大義에 몸을 던지는 혁명가도, 미지의 세계를 향하여 떠나는 모험가도 이제는 될 수가 없다.

이 모든 무능에 대한 자각보다 무서운 것은 이러한 사실이 더 이상 아무런 절망감도 불러일으킬 수 없다는 것이다. 이룰 수 없는 꿈으로 괴로워하던 시절로부터 우리는 얼마나 멀리 떠나왔는가.

> 나는 國民學校 때는
> 비가 오기만 하면
> 學校엘 가지 아니하였다.
>
> 이제는 天國에 가신 어머니에게

한사코 콩을 볶아달라고 하여
몸이 아프다고 핑계했었다.

이제는 나가겠으나
이미 나이가 四十이니
이 世界를 거꾸로 한들 所用이 없다.

- 천상병의 「비」 중에서

마흔, 잔치는 버얼써 끝났다

『서른, 잔치는 끝났다』라는 제목의 베스트셀러 시집이 있었다. 마흔이라면 잔치는 오래 전에 끝나고, 국밥 한 그릇을 훌훌 말아먹고 막걸리에 취하여 석양을 등지고 집으로 돌아갈 때인가.

인간의 정신과 시간 사이에는 거역할 수 없는 절대적인 관계가 있다. 극단적인 사상에 몰입하고 야심 찬 계획을 세우던 시절이 있었다. 밤새워 낡은 시집을 뒤적이며 느낌표를 남발한 편지를 썼다가 아무에게도 부치지 않아도 좋았다. 얼마든지 시간은 남아 있었고 모든 것은 돌이킬 수 있었다. 더 나은 내일을 생각하며 잠이 들었고 신새벽의 홍분으로 눈을 떴다.

그러던 어느 날 자신이 벗어날 길 없는 함정에 빠졌음을 문득 깨달을 때가 온다. 모든 것은 해체되고 사물들 사이의 관계는 사라져 버린다. 잘못된 길을 들었는데 다시 시작할 수도 없다. 파국이 닥쳐오고 있는데도 어영부영 시간을 낭비하고 있다. 어디를 가든 과거의 기억은 우리를 괴롭히고, 언제나 타인에게서 발견하는 것은 그 사람의 마음에 새겨놓은 자신의 과거의 모습이다.

천재가 아닌 한 아이에게

40년을 살았다는 것은 천재가 아니라는 하나의 증거이다. 마흔이 되었다고 할 일이 없어지는 것은 아니겠지만, 마흔이 될 때까지 무언가를 이루지 못한 사람에게는 아무도 더 이상 기대를 하지 않게 된다. 그냥 그럭저럭 남에게 폐만 끼치지 않고 살아가면 다행인 것이다.

하기야 우리 사회에서 보통 사람이 평범하게 살아가는 것도 쉬운 일이 아니다. 나이가 들어감에 따라 삶의 목표를 축소하고 작은 일에서 기쁨을 느끼려고 한다. 하지만 젊은 시절에는 참으로 사소하게 그리고 당연하게 생각하였던 소박한 바람들을 이루기 위해서 많은 사람이 도처에서 자신의 인생을 던져 분투하고 있으며 자신도 예외가 아니라는 사실을 알게 된다.

한곳에 안주하지 않으면 영원히 젊음을 누릴 수 있다고 생각하였지만 넥타이를 매든 매지 않든 나이는 먹는다. 참으로 '어린아이' 였을 때, 자신은 재물에 욕심이 없다고 공언하고, 자그마한 집에서 가족들을 추스르며 일 년에 몇 주의 휴

끝과 시작

가를 즐길 수 있다면 만족한다고 말하곤 하였다. 그러나 이러한 소박한 목표들을 이루기 위하여 자신의 인생 전부를 희생하여야 하며, 더 이상 물질주의를 경멸할 수 없다는 사실을 깨닫는 순간 손가락 사이로 빠져나가는 모래처럼 젊음은 소리 없이 사라지는 것이다.

40년이라는 시간을 허비하고서도 아침에 일어나서 얼굴에 찬물을 끼얹고, 즐거운 낯빛을 지으며 새로운 일을 꾸미고 다니는 일이 서글프고 어색해질 때가 있다. 러시아 소설가 도스토옙스키의 『지하생활자의 수기』라는 기괴한 소설에는 이런 구절이 있다.

"나는 지금 나이 마흔이지만, 40년이라면 이것은 이미 인간의 전생애라고 할 수 있다. 그야말로 굉장히 노령인 것이다. 40년 이상이나 산다는 것은 염치를 모르는 비열한 짓이며 추악하기 짝이 없는 짓이다. 40년 이상을 사는 건 대체 누구냐? 정직하고 성실하게 대답해 보라. 내가 대답하마. 바보와 무뢰한만이 40년 이상이나 사는 것이다."

나는 오늘 마흔 살이 되었다.

봄, 희망은 새롭구나

늦추위가 물러가면서 남녘에 벌써 매화가 피었다는 소식이 들린다. 봄은 3월처럼 갑자기 닥쳐온다. 현재 우리가 사용하고 있는 달력의 기원이 된 고대 로마의 달력에는 봄의 시작인 3월이 한 해의 시작이기도 하였다고 한다. 11번째 달에 불과하던 야누아리우스januarius를 한 해의 시작으로 정한 것은, 독재자 카이사르의 조급함 때문이었다. 카이사르는 다음 해에 집정관으로 취임하기로 돼 있었는데, 남은 두 달을 참지 못하고 11월을 1월로 바꾸어 취임했고, 이에 따라 1월이었던 마르티우스martius는 3월이 된 것이다.

우리는 새해를 맞으면서 새로운 계획을 세우고 각오를 다지지만, 또한 새봄을 맞이하여서도 설레는 희망을 느끼게 된다. 보통 새해의 소망이 개인과 가족의 안녕과 행복을 바라는 것이라면, 새봄에 갖는 바람은 좀 더 우리가 더불어 살

끝과 시작

아가는 공동체에 관련된 것인 경우가 많다. 이를테면 설날이 조상을 기리고 어른들을 찾아뵙는 가족 단위의 명절인 데 반해, 봄의 시작을 알리는 정월 대보름은 농사의 시작과 함께 마을 공동체 단합과 풍년을 기원하는 축제 성격을 갖는 것과 같다. 전통적인 농경사회에서 농사는 개인적인 일임과 동시에 마을 전체가 함께 해야만 하는 일이었고, 마을제사 등 행사를 통하여 단합을 도모하고 서로의 노력을 다짐하면서 마을 전체의 행복을 기원했던 것이다.

세상은 많이 변했고, 개인주의가 팽배한 나머지 개인은 군중 속에서도 고독을 느낄 수밖에 없는 존재가 되어 버렸지만, 오늘날 우리의 삶은 오히려 그 어느 때보다도 더욱 긴밀하게 연결되어 있음을 잘 알고 있다. 세상이 개인의 이기심이라는 '보이지 않는 손'에 의해 움직이고 있는 것처럼 보이지만 그 이전에 서로에 대한 신뢰를 전제로 하고 있다. 이것이 무너질 때 어느 누구도 안전할 수 없는 것이다. 개인의 삶과 행복이 전 지구적인 경제구조에 의존하고 있는 시점에서 사회공동체의 전반적인 발전이 없이 자신만의 영달을 바라는 희망은 비도덕적이기도 하지만 근원적으로 한계를 지닌 것일 수밖에 없는 일이다.

그런 점에서 근대 중국의 작가 루쉰魯迅이 단편소설 『고향』의 마지막에서 희망에 관해 말한 것을 떠올려 본다. "나는 생각하였다. 희망이란 원래부터 있다고 할 수도 있고, 없다고 할 수도 있는 것이다. 그것은 마치 땅 위에 난 길과도 같은 것이다. 사실 길이란 원래부터 있는 것이 아니라 다니는 사람들이 많아지면서 차차 생긴 것이다."

작가는 20년 만에 고향에 돌아가 군벌과 관리들의 수탈로 피폐해진 사람들의 비참한 현실을 목격하면서도 그 속에서 농민들의 각성과 단결을 통한 희망을 찾았으며, 그 희망은 개인적인 것이 아니라 전체 사회와의 관계 속에서만 찾을 수 있다는 점을 깨달았던 것이다. 그러므로 이 봄에는 시민 개개인이 우리 사회에 대한 희망을 더 많이 이야기하기를 바란다. 경제의 성장도 중요하지만 더 많은 사람들이 그 과정에 참여할 수 있고, 또한 그 혜택을 누구나 누릴 수 있기를 바란다. 무엇보다 보통 사람들이 살아가기 위해 받는 정신적 고통과 모멸감이 줄어들고, 개인의 작은 소망이 소중하게 취급되는 사회가 되기를 바란다. 영국의 극작가 조지 버나드 쇼가 말한 것처럼 '사실이 너무 잔혹하지 않고 꿈이 너무 비현실적이 아닌 나라'에서 살기를 바라는 것이다.

시절은 사납지만 언제나처럼 희망은 새롭다. 영어로 봄은 '약동한다'는 뜻이고, 3월은 '행진한다'는 뜻이니, 신발 끈을 동여매고 길 떠나는 아이처럼 용감해지자.

그래도 9월이다

가을의 시작이라는 9월에 들어서도 더위는 여전했다. 여름은 참으로 위대한 것이 아니라 참으로 무서운 것이었다. 전 세계적인 이상기후를 겪으면서 인간이 지배하는 문명이 얼마나 지속될 수 있을까 하는 의문이 들었다. 기나긴 지구의 역사에 비교해 본다면 인간의 역사는 정말 짧은 순간이다. 모든 것이 시작과 끝이 있다면 먼 옛날 공룡이 사라진 것처럼 우리에게도 이제 끝이 다가오고 있는 것이 아닐까.

'그래도 9월이다, 너와 나의 사랑 먹구름일지라도, 그래도 9월이다, 매일 똑같지 않기를 바라는 그 시간들이…' 가수 강산에의 노래를 흥얼거려 본다. 평균수명을 산다고 가정하고 평생을 1년으로 줄여서 본다면 지금 9월 초순이 내 나이 정도가 되겠다. 릴케가 가을을 노래한 대로 지금 집이 없는 사람은 새로 집을 짓지는 않을 것이다. 한결 부드러워진

햇살 아래서 여물어가는 곡식을 보며 사려 깊은 사람들은 벌써 어둡고 긴 겨울을 생각하리라.

가을은 쇠락의 계절이다. 화려한 치장을 떨쳐버리고 앙상한 내면을 응시하며 타고 남은 재가 다시 기름이 되는 자연의 법칙을 생각해 볼 때이기도 하다. 모든 생명이 끝이 있다는 것은 당연한 진리임에도 사람들은 마치 영원히 살 것처럼 하루하루를 살아간다. 현대문명은 죽음을 사람들의 일상생활에서 몰아내었다는 말이 있다. 경제는 끝없이 성장할 수 있고 모든 인간이 갈수록 더 풍족하게 살 수 있다는, 조금만 생각해 보아도 모순임이 분명한 전제 아래 끝없는 욕망과 소비를 부추기고 있는 사회에서 죽음은 은밀한 곳에서 처리되어야 할 불온한 것일 수밖에 없다.

돌이켜 보면 과거에는 죽음은 우리 생활의 한가운데에 있었으며, 중요하고도 정상적인 관습으로 받아들여졌다. 죽음을 앞두고 있는 사람은 자신이 죽는다는 것을 잘 알고 받아들였으며, 친지들로 둘러싸인 집에서 경건하고 품위 있게 생을 마쳤다. 또한 임권택 감독의 아름다운 영화 〈축제〉에서 보듯이 장례식은 죽은 자에 대한 추모를 넘어 남은 자들의 화해와 용서를 끌어내는 축제이기도 하였다.

그러나 현대 의학의 발달은 이 오래된 관습을 의사들이 독점하게 만들었다. 사람들은 죽음이 다가와도 그 사실을 모른 채로 고무호스와 주사기를 주렁주렁 달고 사랑하는 사람을 떠나 종합 병원의 깊숙한 곳으로 홀로 들어가는 것이다. 프랑스의 극작가 쥘 로맹의 연극 '크노크'에서 한 등장인물은 의사의 모든 지시를 다 이행하고는 말한다. "의사 선생님, 요컨대 나는 완쾌되어 가지고 죽는 거군요."

인생의 필연적인 과정인 죽음을 현실에서 몰아내고, 극복할 수 있는 우연한 사고인 것처럼 위장하는 사회가 결코 건강하거나 행복한 것이라고 말할 수는 없겠다. 기독교가 지배하던 중세의 서양 사람들은 '메멘토 모리(죽음을 기억하라는 뜻의 라틴어)'라는 말을 항상 가슴에 새기면서 죽음 이후의 세계에 맞추어 현세의 삶을 조절하였다고 한다. 삶은 유한하고 그 끝이 결코 머지않다는 것을 늘 생각하면서 무가치한 욕망에 집착하는 것을 자제하였다는 말이다.

눈앞의 사소한 이익과 쾌락에 전전긍긍하다가 문득 많은 시간이 속절없이 흘러가 버렸고 많은 가능성이 사라져 버렸음을 깨닫게 된다. 인생이 아름다운 것은 그 끝이 있기 때문이다. 사람은 모두 죽는다는 전제 아래에서 지금 우리를 괴롭히고 초조하게 하는 욕망이 얼마나 큰 가치를 지니는 것인지를 생각해 보자. 마지막이 있다는 것을 기꺼이 받아들이면서 그 끝의 시점에서 지금을 바라볼 수 있다면 나날의 삶이 더 충실하고 즐거운 것이 될 수 있지 않을까.

끝과 시작

무심히 흘러가는 시간에 마디를 맺고 이를 넘을 때마다 과거를 돌아봄과 함께 미래를 계획하고 다짐하는 의식儀式을 행하는 것은, 인간이 정착생활을 시작하면서 잉여를 저장하고 계급이 분화되는 문명이 시작되면서부터다. 인간이 세상의 주인이 된 것은 다른 동물과는 달리 주어진 시간을 구분하여 나누고, 미래를 과거와 구별하여 더 나은 변화를 추구하고, 그렇지 못한 경우에는 시간을 낭비하였다는 죄책감을 가지게 되었기 때문이라는 생각이 든다.

시간은 인간에게 '주어진 것'이다. 이는 시간을 사람이 바라는 대로 옮기거나 저장하거나 변형할 수 없다는 뜻이어서 인간이 평등하다는 근거로 삼기도 한다. 무한한 지성이나 권력을 가진 사람도 시간의 흐름 앞에서는 그저 무력하기만 하다. 암과 싸우고 있다는 석학 이어령*은 "인간이 아니라 시간이 주인공인 세계에서 속절없이 미끄러지는 기분이 들 때마다 나는 막막했다."라고 말했다고 한다. 시간은 속절없이 흘러가고 우리는 그 빠름에 놀라 망연하게 된다. 시인 보들레르는 시간을 생명을 좀먹고 우리 심장을 갉아먹는 적敵으로 표현했다. "시간은 마치 황소를 부리듯 두 개의 바늘로 나를 채찍질하며 '자 바보야, 소리를 질러! 노예 놈아, 땀을 흘려! 저주받은 자야, 살아라'라고 나를 재촉한다."

우리는 '지금'의 시간을 살아간다고 느끼지만, 어느 시인이 말하였듯이 내가 '지금'이라고 말하는 순간 그 '지금'은 '지나간 과거'가 된다. 괴테의 파우스트가 '멈추어라, 이 순간이여, 너는 너무 아름답구나'라고 외쳤다지만 인생의 덧없음을 한탄하는 부질없는 말일 뿐이다. 수학에서 점이나 선의 면적이 없듯이 현재는 지속성이 없어 그 위에 털끝 하나도 올릴 수 없지만, 그래도 인간은 영원히 살 것처럼 계획하고 꿈을 꾸며 실제로 무언가를 만들어내기도 한다.

우리는 시간을 잘게 나누고 이에 따라 살아간다. 정밀한 시계가 필수품이 되기 이전에는 시간은 아마 훨씬 더 느리게 흘러갔을 것이다. 어떤 공동체에 속한다는 것은 그 공동체가 공유하는 시간의 리듬에 참가한다는 뜻이다. 같은 날에 일하고 같은 날에 쉬며, 같은 날을 축하하고 같은 날을 슬퍼한다.

---

* 이어령 선생은 2022. 2. 26. 돌아가셨다.

안타깝지만 원고가 졌습니다

시간의 길이를 같이 나누며, 같은 시간에 돌아보고 같은 시간에 다시 계획한다. 옛날과는 달리 온 세상이 같은 달력과 시계를 사용하는 시대의 시간이 강요하는 리듬은 보들레르의 말처럼 거역할 수 없는 폭력이다.

이윽고 또 한 묶음의 시간이 다 흘러갔다. 우주의 시간은 시작과 끝이 있다고 과학은 말하지만, 인간의 제한된 이성으로는 시간의 시작 이전과 끝 이후를 상상할 수가 없다. 그래서 종교가 필요한지도 모르겠다. 노년에 들어서면서 세밑을 맞는 마음은 겹으로 쓸쓸하다. 동기들이 정년을 맞아 은퇴하는 시점에서 무언가 새로운 다짐을 하는 것도 어색하기만 하다. 젊은 시절에는 시간의 매듭이 짧고 빈번하면서도 무궁하게 남았지만 노년에 있어 한 묶음 시간의 끝은 새로운 시작으로 부르기가 힘들어진다.

한 개인에게 있어 시간의 끝은 죽음일 것이다. 종교적인 이들은 이를 새로운 시작이라고 하고 이 시작은 끝이 없는 것이라고 하지만 어떤 일이 끝이 없다는 것처럼 끔찍한 일이 또 있으랴! 세속적인 이들에겐 그저 이 끝이 새로운 시작이 아니라 그냥 아무것도 없는, 있음의 반대로서의 없음이 아니라 없음조차도 없는 그런 끝이기를 바랄 뿐이다.

다시 못 올 것에 대하여

　파헬벨의 유명한 〈캐논 변주곡〉의 가락을 딴 인기 록 밴드 Maroon5의 〈추억들(Memories)〉은 한 해를 마무리하는 시점에 들으면 참 좋은 노래다. "아픔을 모르던 시절이 있었지 / 모든 것들이 영원히 그대로 있을 것이라고 믿었던 때가/ 누군가 너의 이름을 말하면 내 마음은 12월처럼 느껴져"

　환갑을 지나 인생의 황혼기에 접어들면서 또 한 해가 무감하게 저무는 것을 속절없이 지켜본다. 나이가 들어갈수록 시간의 흐름이 더 빠르게 느껴지는 것에 관하여 어떤 심리학자는 개인이 살아온 시간에서 1년이라는 시간이 차지하는 비중이 점점 더 줄어들기 때문이라고 하였다. 열 살 소년에게 지난 1년은 인생의 십 분의 일이나 되지만 나에게 지난 1년은 육십 분의 일도 채 되지 않으니 우리에게 계속 주어지는 단위 시간에 대한 충실도나 만족도는 한계효용체감의 법

안타깝지만 원고가 졌습니다

칙에 따라 차츰 줄어들 수밖에 없을 것이다.

추억을 떠올리거나 꿈을 꿀 때에 등장하는 이들 중에 이제는 이 세상에 없는 사람들이 많아졌다. 늘 같은 시간들이 계속되리라는 믿음은 젊은이들의 특권이다. 어딘가 몸이 불편해지면 회복되는 것이 아니라 이제는 그 불편함과 함께 나머지 시간을 살아가야 할 것이라는 생각이 든다. 서재에 쌓인 책들이나 음반들을 둘러보노라면 내가 다시 뒤적이거나 감상할 기회가 없을 작품들이 훨씬 더 많을 것이라는 깨달음에 문득 슬퍼진다.

그렇지만 인생이 아름다운 것은 시간을 되돌릴 수 없고 경험은 일회적이기 때문이다. 일상은 늘 반복되지만 꼭 같은 모습으로 되풀이되는 것은 아니다. 우리는 나날의 무수한 반복 속에 드러나는 그 작은 차이들에서 기쁨과 보람을 느끼기도 하고 실패와 좌절을 맛보기도 한다.

옛날 어떤 미국영화에서 인생의 마지막 단계에 있는 노인들이 사는 양로원에 어떤 천사가 나타나 다시 젊은 시절로 돌아갈 수 있는 기회를 주는 장면이 있었다. 그런데 수십 명의 노인들 중 단 한 명만이 젊은 시절로 돌아가는 선택을 하였을 뿐 나머지는 모두 양로원에서의 초라한 현재에 남기로 하였다. 당시로서는 그 결론이 이해가 되지 않는 충격으로 느껴졌지만 한참의 시간을 더 산 지금으로서는 공감이 된다. 노년은 추억으로 살고 그 추억은 첫사랑과 같은 환희일 수도, 부모나 친구를 떠나보내는 아픔일 수도 있지만 그것은 되풀이되지 않는 것이기에 의미가 있다.

남산동 성모당 성직자 묘역 입구에는 라틴어로 'HODIE MIHI, CRAS TIBI' 라고 적혀 있는데, '오늘은 나, 내일은 너'라는 뜻이라고 한다. 카프카는 인생의 의미는 그것이 끝난다는 것에 있다고 하였다. 무엇이든 영원히 계속되는 것이 있다면 아마 그것이 지옥일 것이다. 파우스트가 악마 메피스토펠레스와 '순간이여, 멈추어라! 정말 아름답구나' 라고 결코 말하지 않겠다는 내기를 하는 것은 의미심장하다. 스쳐 지나가는 시간과 사건과 사람들에 집착하고 보내려 하지 않는 것은 악마에게 굴복하는 것과 같다는 뜻인가.

시간은 불가역不可逆적으로 흘러가고, 같은 강물에 두 번 몸을 담글 수는 없다. 노년의 12월은 새로운 것에 대한 기대보다는 다시 못 올 것에 대한 추억이 더 많은 시절이다. 괴테가 말하였듯이, 젊은이는 사람들 속에서 강해지고 노인은 고독 속에서 강해진다. 고요히 지나간 시간을 성찰하고 끝의 시점에서 미리 돌아보는 가정假定적 반성을 통하여 욕망과 미련을 조절할 수 있다면 좀 더 나은 시간들로 채울 수 있겠다는 생각이 든다.

안타깝지만 원고가 졌습니다

예순둘이 된다는 것

  예순둘이 되었다. 나이가 들면서 내가 좋아하는 위인들의 수명과 비교해 보는 것이 습관이 되었다. 쉰이 될 때는 사십 대 후반에 사망한 시인 김수영이나 카뮈보다 더 오래 사는구나 하는 감회가 있었고, 환갑을 넘길 때에는 베토벤이나 도스토옙스키보다 더 많은 시간을 지상에서 보냈다는 감회가 있었다. 역사에 큰 족적을 남기고 인류에 기여한 위인들은 대체로 지금의 나만큼도 살지 못했다.

  박정희 전 대통령은 만 62세가 되기 한 달쯤 전에 비명에 세상을 떠났다. 지금 나의 나이가 박 전 대통령이 마지막 시간들을 보냈던 시절의 나이와 같다는 것을 생각하면 좀 이상한 감정을 느낀다. 영원히 나라를 옥죄며 지배할 것 같던 완고한 독재자의 모습에 나 자신의 현재의 모습을 투영시키기는 힘들다.

좀 더 젊었던 시절에는 비슷한 연배임에도 많은 일을 이룬 사람들이 부러운 마음이 들고는 했었다. 좋아하는 작가들의 작품이 인생의 어떤 단계에서 창작되었는지를 유심히 보기도 하였다. 그러나 그런 부러움이나 질투심 같은 것도 오래 전에 사라져 버렸다. 오히려 우리 세대가 이룬 일들은 다 나의 성취인 듯 뿌듯하기도 하고, 더 어린 사람이 쓴 좋은 작품을 만나면 마치 내 것처럼 흐뭇하기도 하다.

　　오래 살아보면 사람이 사는 것이 다 비슷하게 보인다. 사람이 자기 의지에 따라 인생을 살아가는 것이라기보다는 그냥 정해진 환경에 적응하고 따라서 흘러가는 것이 훨씬 많다. '살아간다'라기보다는 '살아진다'라는 표현이 더 맞는 것 같기도 하다. 우리가 살고 있는 지구가 태양 주위를 도는 것이나 달이 지구를 도는 것이 다 우리의 의지와는 상관이 없지만 그 순환에 구속될 수밖에 없다. 꽃이 피고 지고 바람이 불고 눈이 내리는 자연의 순환 속에서 가깝고 먼 수많은 사람들의 영향을 받으며 살아가면서 어떤 일을 오롯이 자신의 것이라고 내세우는 것은 착각에 불과할 것이다.

　　공자는 예순이 되어서 귀가 순해졌다고 하였다〔六十而耳順〕. 귀가 순해진다는 말을 세상의 사리에 통달하게 되어 모든 말을 다 이해하게 되었다는 의미로 해석하기도 하고, 마음이 너그러워져 거슬리는 말을 들어도 마음의 동요가 없다는 뜻이라고 하기도 한다. 그러나 장삼이사가 어찌 성인의 흉내를

안타깝지만 원고가 졌습니다

낼 수 있으리오. 사람은 늙어가면서 더 편협하고 메마른 성정을 가지기가 쉽다.

작고하신 채현국 선생께서 "노인들이 저 모양이란 걸 잘 봐두어라."고 질타하면서 늙으면 지혜로워진다는 것은 거짓말이라고 말하였다. 노인이 지혜로워진다는 것은 예외적이며 끊임없는 노력을 필요로 하는 일이다.

70대 초반에 죽은 공자는 만년의 자신을 어떻게 설명할 것인가에 대하여 제자인 자로에게 '몰두하여 먹는 것을 잊고〔發憤忘食〕, 즐길 때는 근심을 잊고〔樂以忘憂〕, 장차 늙어가는 것도 알지 못하는 사람'으로 말해 달라고 하였다. 나이가 들면 논어가 좋아진다고 말들을 하지만 공자의 저 바람은 이 시대 장래의 노년들에게도 참으로 절실하게 들린다.

태어난 지 예순두 해가 된 날이라고 또 한 그릇의 미역국을 먹고 SNS로 축하들을 받고 늘 그랬듯이 또 일터로 나선다. 오늘은 살아온 날들과 살아갈 날들이 만나는 시간이다. 우리는 살아온 시간을 무기로 삼아 살아갈 시간에 맞선다. 저울이 한쪽으로 기운 지는 오래지만 남은 시간이 늙어가는 것조차 느끼지 못하는 시간이 되기를 바랄 따름이다.

별 볼 일 없는 세상에서

주말에 우리나라에서 별을 보기 가장 좋은 곳이라는 영천 보현산 천문대 근처 지인의 집에서 여러 가족이 모여 즐거운 시간을 보냈다. 해가 지고 밤이 되자 집 안팎의 불을 다 끄고 마당에서 하늘의 별을 보았다. 참으로 오랜만에 북두칠성을 선명하게 보았는데, 그 별자리에 대한 기억이 떠올랐다.

10년 전쯤 내가 어느 사회복지법인의 대표를 맡고 있을 때 어느 대학병원과 함께 우즈베키스탄에 있는 우리 동포들을 대상으로 의료봉사를 간 적이 있었다. 인천에서 밤 10시쯤 출발하는 비행기였는데, 마침 내 자리는 맨 오른쪽 창가였다. 좁은 좌석에서 뒤척이다 문득 잠이 깨었을 때는 자막도 없는 미국 영화가 상영되던 모니터 화면들도 꺼지고 모든 승객들이 잠들어 기내는 적막하기만 하였다. 문득 작은 창으로 깜깜한 하늘을 바라보았더니 국자 모양의 일곱 개의 별이

안타깝지만 원고가 졌습니다

창에 붙여놓은 것처럼 밝게 빛나고 있는 것이 아닌가! 서쪽으로 날아가니 계속 한밤중이었고 북두칠성은 늘 내 옆에 있었다. 중앙아시아의 타클라마칸 사막 1만 미터 상공에서 바로 옆에 있는 것 같은 북두칠성을 하염없이 바라보았던 신비한 경험이었다.

시골에서 보낸 어린 시절의 밤하늘은 별들로 가득했다. 별자리를 잘 몰라도 가장 잘 찾을 수 있는 것은 북두칠성과 사냥꾼 오리온 별자리였다. 겨울철에 주로 보이는 오리온 별자리의 벨트를 이루는 세 별은 가장 빛나는 별들이었다. 여름밤에는 온 식구들이 마당의 평상 위에 모여 시간을 보냈다. 돌아가신 아버지는 유머감각이라고는 없는 무뚝뚝한 성격이셨는데, 유일하게 아는 농담이 하늘의 별이 모두 몇 개냐는 것이었다. 결론적으로 별은 모두 840개라고 하였는데, 동서남북 사방에 별이 빽빽(백, 백)하니 모두 8백 개요, 복판은 스물스물하니 모두 40개라는 것이다. 본인만이 웃으시는 유머를 여름마다 들어야 했으니….

밤하늘에 별이 없어진 것은 도시의 공해 때문이라기보다는 지상이 너무 밝기 때문이다. 어디에나 있는 인공조명은 우리 생활에서 완벽한 어둠을 없애버렸다. 요즘 세대들은 '칠흑 같은 어둠'을 실감하지도 못하거니와 보름달빛이 얼마나 밝은지를 알 기회도 없다. 어디에나 있는 이 인공조명은 밤을 낮처럼 쓸 수 있게 만들었지만 밤하늘의 별들을 볼 기회를 없애버렸다.

별이 없는 밤하늘은 어쩐지 쓸쓸하다. 19세기 미국의 여류 천문학자였던 마리아 미첼은 "삶에 별빛을 섞으세요. 그러면 하찮은 일에 마음이 괴롭지 않을 것입니다."라고 말하였다고 한다. 별을 바라보고 광막한 우주를 생각하는 것은 생각의 규모를 키우는 일이다. 밤에도 모습을 감추지 않는 지상의 사물들은 사고를 한정시키고 집착하게 만든다. 현대인들이 정신적 스트레스에 시달리고 사소한 것에 대한 집착에서 벗어나지 못하는 것은 별이 사라진 밤하늘과 무관해 보이지 않는다.

생각해 보면 내가 세상의 중심이 아니듯이 우리가 살고 있는 세상인 지구는 광대한 우주에서 보잘것없는 하나의 행성에 불과하다. 시인 알프레드 테니슨이 "3류의 태양을 도는 3류의 행성에 살고 있는 우리만을 위하여 우주가 창조되었다는 것은 결코 상상할 수 없는 일이다."라고 한 것은 정곡을 찌른 말이다. 별들을 바라보고 무한한 우주와 시간을 생각하노라면 우리가 나날의 생활에서 갈구하고 매달리는 물질과 권력이 얼마나 하찮고 가치 없는 것들인가를 깨닫게 된다. 인간이 위대한 것은 별들을 경외의 감정으로 바라보며 겸허해지는 마음과 우주의 숨겨진 비밀을 파악하려는 호기심을 가진 유일한 존재라는 점이다. 사람의 존엄성은 파스칼이 말했듯이 '생각하는 힘'에서 오는 것이다.

대철학자 칸트가 생각하면 생각할수록 경탄과 의문을 더하면서 자신의 마음을 충만하게 하는 것으로 마음속의 도덕률과 함께 별들이 반짝이는 밤하늘을 든 것은 너무나 유명하다. 그렇다면 별을 보지 못하는 삶은 많은 것을 잃은 삶이다. 별 볼 일 없는 세상은 참 별 볼 일 없기도 하다.

끝과 시작

과거가 현재를 규정한다

대학에 들어갔을 때 신입생이 읽어야 할 필독도서 목록이 있었는데 늘 빠지지 않는 책이 영국의 역사학자 E. H. 카의 『역사란 무엇인가』였다. 그런데 이 책은 마르크스나 헤겔의 책과 함께 검찰이 시국사범을 검거하여 재판할 때 증거로 제시하는 책 중 하나였다. 영화 〈변호인〉에서도 이 책을 쓴 E. H. 카가 공산주의자인지를 두고 공방을 벌이는 장면이 나온다.

역사를 과거에 일어났던 사실의 집적_{集積}으로 보는 상식적인 역사관과는 달리 이 책에서는 역사는 사실을 선택하고 해석하는 과정에서 역사가의 가치관이 반영될 수밖에 없고, 역사가의 가치관은 시대정신에 의해 형성되는 것이므로 역사는 고정된 것이 아니라 현재가 변함에 따라 변할 수밖에 없다고 주장한다. 결론적으로 역사는 '현재와 과거 사이의 끊

안타깝지만 원고가 졌습니다

임없는 대화'라고 정의하고 있다.

관제 교과서로 고정된 역사를 배운 그 시대의 학생들에게 이런 상대적 역사관은 하나의 충격이었고 역사와 사회에 관하여 스스로 생각하는 계기가 되었기에 당시 권위주의 정권에서는 이를 의식화의 시작으로 보았던 것 같다.

우리가 학교에 다니고 배울 때는 반공反共 이념이 지배하던 시대였다. 우리 문학에서도 수많은 좌익이나 월북 작가들은 그 작품은 물론 이름까지도 바로 쓸 수 없었다. 국어 참고서에서는 시인 정지용을 '정xx'라 표기하였고 선생님이 은밀하게 정지용이라고 밝혔었다. 일제강점기 당시 '시는 지용, 소설은 태준'이라는 말이 있었다지만, 정지용의 시나 이태준의 소설을 읽기는커녕 이름을 제대로 밝히지도 못했으니 우리 문학을 온전하게 알 수가 없었다.

반면에 적극적으로 친일행각을 벌였던 이광수나 최남선의 작품은 자주 언급되고 교과서에도 실렸었다. 친일은 용서되었지만 좌익은 결코 용납될 수 없었다. 독립운동사에 있어서도 공산주의자나 사회주의자들의 투쟁은 삭제되거나 축소되었다. 그러다 우리 사회가 민주화를 이루고 소련이 붕괴되고 남북 화해와 교류가 이루어지면서 우리 현대사도 비로소 온전한 것이 되었다.

권력은 항상 역사를 건드리고 싶어 한다. 어느 역사학자가 역사는 죽은 과거를 연구하는 것이 아니라 어떤 의미에서

든 '현재에 살아있는 과거'를 연구하는 것이라고 말하였듯이 역사는 현재에 영향을 미치기 때문이다. 우리가 역사를 공부하는 것은 단순한 호기심에서가 아니라 그것이 현재를 이해하고 현재의 문제를 해결하는 데 도움을 준다고 믿기 때문이다.

현 정부가 일제강점기 아래에서의 무장독립운동을 역사에서 축소하거나 폄훼하는 것은 주로 그것이 좌익에 의해서 일어난 일이기도 하고 또한 자유를 부르짖는 보수우익의 입장에서 중·러에 대항하는 한미일 동맹의 강화라는 명분에서 일본과의 관계 개선을 위한 것이기도 하다.

그러나 소련의 붕괴로 공산주의가 몰락하고 그 위협이 사라진 지가 이미 오래인데 느닷없이 반공을 내세우는 것도 참 뜬금없어 보인다. 과거를 바꾸려는 것은 시대 발전의 흐름을 거스르려고 하는 정권의 입장을 정당화하여 결국은 현재를 바꾸려는 것이다. 매카시즘의 광풍 아래에서 숨죽여 살아온 우리 세대에게는 그런 움직임은 아무리 작은 것이라 하더라도 불길하게만 느껴진다.

임기가 정해진 민주정부에서 역사를 손보려는 무용한 시도를 할 것이 아니라 후세 역사가들이 이 시대를 어떻게 평가할 것인지를 두렵게 생각하여야 할 것이다.

안타깝지만 원고가 졌습니다

2

괭이밥에 관한 생각

괭이밥에 관한 생각

집 앞 작은 정원에 잔디밭이 있어 심심할 때는 잔디 사이에 자라나는 잡초를 뽑는다. 어느 날 잡초라고 생각하며 뽑아왔던 풀에 작고 노란 꽃이 피었다. 이런 예쁜 꽃이 피는 줄 알았더라면 애당초 뽑지 않았을 것이라는 생각이 들었다. 생각해 보면 우리가 그 이름을 모를 따름이지 잡초는 없다. 글을 쓰는 사람들이 '이름 모를 꽃'이나 '잡초'라는 말을 함부로 쓰는 것은 무책임한 일이라고 지적한 글을 읽은 적이 있다. 가장 초라한 풀에도 그 이름이 있듯이 주어진 역할이 있고 또한 가장 아름다운 순간이 있다는 것은 경이로운 일이다.

책을 찾아보니 그 풀은 괭이밥이라는 야생화였다. 황대권이 쓴 『야생화 편지』에 따르면 어느 곳이나 날아와서 잘 자라는 괭이밥은 무쳐서 먹으면 이질, 황달, 간염 등에 좋다고 하며, 치질에도 좋아 자신이 장기수로 복역할 당시 다른 동료에게 그 즙을 환부에 발라준 적도 있다고 한다. 그동안 내 손에 뽑혀 버려진 괭이밥은 쓸모없는 잡초가 아니라 그 나름의 아름다움과 역할을 가진 야생화임에도, 단지 축구장처럼 정돈된 잔디밭을 바라는 한 인간의 불행한 희생물이 된 것이다.

사람들이 모여 사는 이 사회도 마찬가지일 것이다. 사람들은 획일적인 기준으로 다른 사람들을 판단하고 많은 사람들을 쉽게 실패자로 규정해 버리고 만다. 그러나 성공과 실패, 유능과 무능을 가르는 잣대라는 것이 과연 존재하기나 한 것일까. 실패하고 무능한 사람이란 사회가 아직 그 능력을 깨닫지 못한 사람을 일컫는 것일지도 모른다.

'굽은 소나무가 선산을 지키고, 곰보 며느리가 시부모를 모신다' 라는 속담이 있다. 평범하고 못난 사람들이 드러나지 않게 하루하루 묵묵히 해나가는 일이 사실은 더 중요하고 귀한 일이라는 뜻이겠다. 세상이 이렇게나마 돌아가는 것은 앞에서 큰 소리로 외치는 소수의 뛰어난 사람들의 재능 때문이라기보다 관심을 받지도 발탁이 되지도 못하는 수많은 사람들의 소리 없는 노력 때문이다.

세상이 빠르게 변화함에 따라 그에 적응하는 것도 더 힘들어지고, 스스로 소외되었다고 느끼는 불행한 사람들도 점점 더 늘어난다. 오늘날 청소년들에게 요구되는 방대한 학습

량을 보면 우리 사회가 빨리 낙오자를 솎아내기 위하여 안달인 것 같은 느낌이 들 때가 있다. 초등학생들까지도 몇 개나 되는 가방을 메고 학원을 순회하는 모습은 안쓰럽기 그지없고, 동네 골목이나 놀이터에서 뛰노는 아이들도 눈에 잘 띄지 않는다. 자정을 넘긴 시각에 입시학원 앞에 대기 중인 많은 차량들을 보고 있노라면 부모와 청소년 모두에게 참 못할 짓이라는 생각이 든다.

인생의 가장 아름다운 시절을 단지 입시경쟁에서 줄을 세우기 위한 무익한 공부에 소진하고 있는 청소년들을 생각하면 가슴도 아프지만 화가 나기도 한다. 위정자들은 늘 사교육이 없는 나라를 만들겠다고 말하지만 변하는 것은 없다. 무엇보다도 다양성과 개성을 인정하지 않는 사회적인 인식이 문제라는 생각이다. 세상에는 2만 개가 넘는 직업이 있지만 부모가 자녀의 장래 직업으로 생각하는 것은 열 개가 되지 않는다는 말이 있다. 높고 밝은 곳만을 좇아 한곳으로만 몰려갈 것이 아니라 모두가 자신만의 개성으로 존중받을 수 있는 사회가 되도록 노력해 보자. 우리가 바라는 세상은 농약과 기계로 정돈된 골프장 같은 곳이 아니라 온갖 꽃들이 지천으로 피어있는 들판 같은 곳이기 때문이다.

안타깝지만 원고가 졌습니다

어두운 상점들의 거리

　같은 시대에 살고 있다는 것만으로도 행복하다는 말을 듣는 이탈리아 작가 움베르토 에코는 현대 사회를 서양 유럽의 중세와 비슷한 점이 많다고 지적하면서 '새로운 중세'라고 불렀다. 그가 현대 사회와 비슷한 점의 하나로 든 것은 서양 중세 사람들이 성지聖地를 찾아 멀리 떠나는 장거리 여행을 자주 하였음에 비해 가까운 마을 사이의 교류는 극히 드물었다는 점이다.

　현대사회는 매스 미디어와 인터넷의 발달로 사람을 직접 대면할 필요성이 크게 줄어들었고, 따라서 지역공동체 문화가 사라질 위기에 처했다는 말을 자주 듣는다. 미국의 백악관에 오늘 누가 다녀갔는지는 쉽게 알 수 있지만, 밤중에 집 앞을 지나는 구급차 사이렌 소리의 원인을 알지는 못한다. 해외여행을 수시로 하면서도 정작 자신이 사는 동네를 구석

구석 둘러볼 기회는 드문 것이다.

　거대도시에서 살아가면서 동네 주민들과 접촉할 기회가 참 드물다는 생각이 든다. 특히 상품을 구입하거나 서비스를 제공받을 때에도 인터넷을 이용하거나 멀리 떨어져 있는 대형 쇼핑몰 등을 이용하는 경우가 많은 나머지, 집 근처 가게에 갈 기회가 점점 줄어들고 따라서 어느 곳이나 동네의 작은 상점들은 쇠퇴하는 경향이 있다.

　내가 지금 사는 다세대 주택에 이사 온 지도 벌써 10년이 넘었다. 이사를 올 당시에는 바로 집 앞까지 작은 상점들이 즐비하였지만, 그동안 많은 가게가 문을 닫아버려 집에서 상당한 거리까지는 밤에는 가로등 불빛만 있는 어두운 거리가 되고 말았다. 작지만 없는 물건이 없던 슈퍼마켓, 미용실, 비디오 가게, 세탁소 등 그 많던 가게들은 모두 어디로 갔을까. 차량통행이 많은 큰길에 더 가까운 쪽으로는 아직 상점이 많이 남아 있지만, 간판이 자주 바뀌는 것으로 보아 희망을 가지고 돈을 투자하여 점포를 열었다가 수지를 맞추지 못하고 떠나는 사람들이 많은 것 같다. 그분들이 동네 사람들을 주된 고객으로 생각하고 장사를 시작하였을 것을 생각하면 주민의 한 사람으로서 좀 더 이용하지 못한 것에 대하여 미안한 생각도 든다.

　규모의 경제가 작용하는 약육강식의 사회에서 영세한 자영업자들이 살아남기는 점점 더 힘들어 보인다. 점점 그 수가 줄어들기는 하지만 아직도 우리나라에서 자영업자들이 전체 취업자 중에 차지하는 비율은 3분의 1이 넘으며, 그들의 몰락은 곧 중산층의 몰락으로 이어져 빈부의 격차가 심화되는 계기가 되고 있다. 문 닫은 동네 상점들은 결국 최저임금수준에 불과한 초대형 슈퍼마켓의 비정규직 계산원이 되거나 국가의 복지 대상으로 전락하는 수모를 겪을 수밖에 없을 것이다.

어린 시절을 돌이켜 보면 동네 가게는 단순히 물건이나 서비스를 구입하는 곳이 아니라 서로의 소식을 묻고 정보를 교환하며 세상살이의 어려움을 배우는 장소이기도 하였다. 또한 골목의 안전을 지키는 역할을 수행했다. 가게 주인들은 동네 친구나 선후배의 부모였고, 그곳에서 만나는 사람도 다 비슷하게 친밀한 사람들이었다. 오늘날 손님뿐 아니라 종업원도 주인이 누군지 모르는 대형마트의 무표정한 군중들을 보면 옛날 동네가게에서 이루어졌던 인간적인 접촉이 그리워지는 것이다.

밤중에 집으로 올라오다 불 꺼진 상점들이 다시 환하게 불이 켜지는 장면을 상상하고는 한다. 조금 초라하고 비경제적이더라도 동네 가게를 자주 이용하는 것이 좀 더 인간적이며 안전한 동네를 만들고, 특히 우리나라 사람들이 전쟁·호환·마마보다 무서워한다는 집값 하락을 막을 수 있는 방법이기도 하겠다.

가난한 사람들의 인문학

노숙자들은 얼굴을 씻는 일을 그만두면서부터 구걸을 시작한다고 한다. 세수를 하지 않는다는 것은 다른 사람이 자신을 바라보고 있음을 의식하지 않는다는 것이고, 이는 곧 자신의 정체성을 잃어버렸다는 것을 의미한다. 이는 타인들에 대하여 부끄러움을 느끼지 못한다는 것이며, 구걸행위로 나아가는 계기가 되는 것이다.

몇 년 전 서울시에서 노숙자를 위한 인문학 강의를 시도한 것도 그들에게 단순히 무료급식을 하고 경제적 지원을 하기 이전에 스스로를 발견하고 스스로의 주인이 되는 것이 필요하다는 인식에서 시작되었다. 신영복 교수의 말대로, 자신을 성찰하고 자기의 이유로 살아가게 하는 근원적인 힘이 바로 인문학으로부터 온다는 것이다. 이 강좌는 1995년 미국에서 시작된 소외된 사람들을 위한 정규 대학 수준의 인문학

안타깝지만 원고가 졌습니다

강좌인 클레멘트 코스를 본뜬 것이다. 클레멘트 코스의 주창자인 얼 쇼리스의 말에 따르면 그가 위 강좌를 구상하게 된 것은 중범죄 교도소에 수감된 여성 재소자와의 대화에서 비롯된 것이라고 한다. 그녀는 빈민들이 가난과 범죄로부터 벗어날 수 있는 방법을 묻는 질문에 오랫동안 다른 재소자들을 관찰한 결과로 얻은 나름대로의 생각을 말하였다. "그들에게 부유한 사람들의 정신적 삶을 가르쳐야 합니다. 그들을 연극이나 박물관, 음악회, 강연회에 데리고 다녀 주세요. 그러면 그들은 더 이상 가난하지 않을 겁니다."

우리는 늘 소외계층에 관하여 교육보다는 훈련을 시켜야 한다고 생각해 왔으며, 이런 생각은 복지정책의 기초가 되고 있다. 그러나 쇼리스는 가난한 사람들은 인문학 교육을 통하여 성찰적 사고를 함으로써 정치적인 힘을 가지고 가난에서 벗어날 수 있으며, 또한 국가의 민주주의도 가능해진다고 주장한다. 인문학이 없는 민주주의는 생각할 수도 없으며, 가난의 반대는 물질적인 부富가 아니라 인문학을 통한 민주주의의 완성이라는 것이다. 쇼리스의 책 제목이 『가난에서 민주주의로 가는 여정』인 것은 의미심장하다.

오늘날 취업을 위한 기관으로 전락한 대학에서도 인문학은 빈사상태에 처해 있으며, 사회의 수많은 교육과정에서도 인문학 강의는 찾아보기 힘들다. 최고 기업은 눈을 씻고 봐도 찾기 어려운 지역에 최고 경영자 과정은 왜 그렇게 많은 지 모르겠다. 부자가 되는 방법을 가르치는 강의나 건강 강좌에는 사람들이 북적거린다. 왜 사는지, 어떻게 사는 것이 옳은지에 관한 진지한 성찰은 없이, 많이 가지고 오래 사는 것에 관한 욕망만 넘쳐나는 천박한 사회가 된 것이다.

선배 한 분이 실업자를 위한 인문학 강좌를 추진하다가 흐지부지된 적이 있다. 서울처럼 자치단체의 지원을 얻으려 했는데 잘 안 된 모양이다. 뜬금없는 말인지는 모르겠지만 공장 하나를 유치하기 위하여 중앙정부에 사정하고 재벌 기업에 머리를 조아리기보다는 서민들을 위한 인문학 과정을 멋지게 만드는 것이 더 시민들을 위한 일이 아닐까. 오래 전 일이지만 우리 지역이 온 나라의 정신문화 중심지였던 시절도 있었다.

아내가 어느 교육청이 주관한 학부모를 위한 인문학 강좌에 지도자로 참여한 적이 있었다. 학부모들과 함께 7주간 고대 그리스의 비극작가인 소포클레스의 작품들을 읽고 토론하는 과정이었는데, 마치고는 많은 감사편지가 왔다. "아집과 편견을 버리지 못하고 비극을 자초하는 고대인들의 모습에서 나의 모습을 보았어요. … 이런 생각과 행동들이 대구를 변화시키고, 그 중심에 내가 밑거름이 될 수도 있겠다는 생각을 했습니다." 2500년 전 그리스에서 공연되던 연극이 지금의 나와 우리를 변화시킨다는 것이 놀랍고 감격스럽다. 세상은 보기보다 괜찮은 것인지도 모르겠다.

엄숙을 금지한다

푸치니의 오페라 〈라 보엠〉은 19세기 후반 파리를 무대로 지독한 궁핍 속에서도 예술에 대한 정열을 잃지 않고 즐겁게 살아가는 젊은이들의 이야기다. 작가인 주인공 로돌프가 미미를 만나 첫눈에 사랑에 빠지면서 부르는 〈그대의 찬 손〉은 널리 애창되는 유명한 아리아다. "나는 걱정 없는 가난 속에서 살지만, 운율과 사랑 노래라면 군주처럼 낭비하고 있지. 꿈과 희망과 하늘의 성城에 관해서라면 나는 백만 장자의 영혼을 가졌네."

푸치니는 〈라 보엠〉을 만들 당시 집을 하나 빌려 수시로 친구들과 모여 끝없이 지껄이고 마시며 즐기는 시간을 가졌다. 이 모임은 라 보엠 클럽으로 불렸는데 그 회칙이 너무나 파격적이다. 제1조에서는 '회원들은 더 잘 마시고 먹기를 맹세한다'라고 하여 회의 설립 취지를 밝히고 있으며, '회계는 회의 공금을 횡령할 권리를 가진다', '어떤 경우에도 사려 깊은 행동을 해서는 안 된다' 는 기발한 규정도 있다. 재미있는 것은 '점잖고 잘난 체하는 표정을 짓는 자는 추방한다' 와 함께 '엄숙을 금지한다' 라는 규정이다.

중년을 지나면서 엄숙한 자리에 가는 것이 점점 더 꺼려진다. 정장을 차려입고 진지한 표정을 지으면서 곧은 자세로 앉아있는 것도 힘이 든다. 그런데 사회생활을 하노라면 그런 자리를 피할 수도 없고, 오히려 시간이 갈수록 그 횟수가 늘어가기만 한다. 이럴 줄 알았다면 자유롭게 예술이나 할걸 하는 생각도 들지만, 애당초 그런 재주도 없는 데다가 요즘은 예술가도 자기 홍보에 나서지 않으면 성공할 수가 없다고 하니 소용도 없는 일이다.

단순히 친목도모를 위한 격식 없는 자리도 필요 없이 엄숙해지는 경우가 많다. 비슷한 집에 살면서 같은 신문과 같은 TV 프로그램을 보는 사람들이어서 그런지 다 생각들이 비슷비슷해서 떠들썩하게 토론할 거리도 없다. 남자들은 모이면 골프 이야기, 주부들은 자녀 성적 이야기, 청소년들은 아이돌 스타 이야기만 한다.

사람들은 많아졌지만 그 얼굴들은 날이 갈수록 서로 닮아간다. 돌이켜 보면 과거에는 자기만의 독특한 세계를 가진 사람들이 많았다. 신경림 시인의 「파장罷場」 첫 구절인 '못난 놈들은 서로 얼굴만 봐도 흥겹다' 는, 사람들이 모두 판에 박

안타깝지만 원고가 졌습니다

은 듯 똑같지 않던 옛날을 떠올리게 하는 절창이다. 사람들이 서로 비슷해져 간다는 것은 무서운 일이면서 재미없는 일이기도 하다.

이치에 닿지도 않는 말을 해대면서 떠들썩하게 먹고 즐기는 따뜻한 모임이 그리워진다. 그러나 그런 모임을 오래 유지한다는 것은 쉬운 일이 아닌 것 같다. 서로의 사정을 속속들이 알고 있었던 과거와는 달리 건드려서는 안 될 개인적인 정보도 많고, 농담으로 취급되어서는 안 될 사회적인 금기사항도 많은 것이 그 이유 중의 하나이겠다. 또한 연령이나 신분상의 차이에 근거한 거리는 격의 없는 자리에서도 결코 침범되어서는 안 될 성역으로 생각하고 있는 사람들도 많다.

요컨대 우리 사회가 많이 개방되고 평등한 것처럼 보이지만 아직도 엄숙주의가 지배하는 영역이 도처에 존재하고 있다는 것이다. 이런 불필요한 엄숙주의는 사회적으로는 구성원들 사이의 원활한 소통을 방해하고 의사결정을 왜곡시킨다. 또한 개인적으로도 내면적인 상처나 결점을 드러내지 못함으로써 오히려 정신 건강을 해치고 우울증의 원인이 되기도 한다.

사회가 갈수록 획일적으로 변함에 따라, 거침없는 자유로운 영혼을 가진 기인奇人이나 독특한 정신세계를 가진 유머러스한 사람을 만나기는 점점 더 어려워진다. 유머는 단순한 농담이 아니라 세상을 바라보는 방식이다. 우리 사회에서 음

담패설만 난무하고 진정한 유머가 사라지고 있다면, 그것은 단순히 사람들의 성정이 무뎌졌다는 것이 아니라 무언가 더 깊고 중요한 것을 의미하는지도 모른다.

안타깝지만 원고가 졌습니다

술 권하는 사회, 책 권하는 사회

날이 선선해지면서 가끔은 십 리도 넘는 출퇴근길을 일부러 걷기도 한다. 번잡한 길에서 한 블록 들어간 골목길을 이용하는데, 자동차를 타고 다닐 때는 볼 수 없었던 곳을 발견하기도 하고 뜻밖의 사람을 만나기도 한다. 작은 책방이 있어 들어가 보았다. 책을 뒤적거리다 주인에게 가을이어서 책이 잘 팔리겠다고 말을 건넸는데, 돌아온 대답은 퉁명스러웠다. "원래 가을에 책을 더 안 읽어요. 얼마나 책이 안 팔리면 독서의 계절이라고까지 하겠어요."

우리 국민들이 술을 많이 마시는 데 비하여 책을 안 읽는다는 사실은 널리 지적되어 왔다. 최근의 한 조사에서는 직장인이 술값으로 쓰는 돈은 책값으로 쓰는 돈의 4배에 달하는 것으로 나타났다고 한다. 책을 읽지 않는다는 것이 좋은 일은 아니지만, 우리 사회만큼 책을 읽어야 한다는 강박관

팽이밥에 관한 생각

념에 사로잡혀 있는 경우도 드물다. 굳이 비용을 들여서, 술 마시는 데 쓰는 돈과 책 사는 데 쓰는 돈을 조사하여 비교하고, 그 결과에 대하여 죄의식을 느끼고 개탄하는 것은 우리나라에서나 생각할 수 있는 우스꽝스러운 일이다. 농담을 보태어 말하자면 우리 사회에서 술을 많이 마시는 것은 책을 읽지 않는다는 자책에서 벗어나기 위한 것이 아닐까.

수성구에 있는 한 논술 독서학원에서는 어린 학생들에게 일정량의 책 읽기 숙제를 내고, 이를 읽어내지 못할 때는 가혹한 체벌을 하여 학부모 사이에 인기가 높다는 말을 들은 적이 있다. 우선은 그런 방법으로 책을 읽힐 수는 있겠지만 분명한 것은 그 아이들이 대학에 들어간 이후에는 스스로 책을 찾아 읽지는 않을 것이고, 또한 책을 읽지 않는다는 사실에 대하여 늘 죄의식을 느낄 것이라는 사실이다.

우리 사회에서 책을 읽는다는 것은 대부분의 경우 좋은 대학에 들어가거나 좋은 직장을 얻기 위하여 거쳐야 하는 괴로운 일에 불과하다. 몇 남지 않은 동네서점도 학생들의 교재나 참고서로 연명하고 있는 형편이고, 도서관은 사실상 독서실의 역할을 하고 있는 경우가 많다. 새로 짓는 공공 도서관도 진정한 도서관으로 만들려는 관청과 자녀의 공부방으로서의 역할을 겸하도록 하려는 주민들 사이의 알력으로 시끄럽다. 문학평론가 김우창이 '우리 사회에서의 글 읽기는 자연스러운 삶으로부터 소외되면서 관료화된 사회의 조직

안타깝지만 원고가 졌습니다

으로 편입되는 과정을 말한다'고 한 것은 아픈 현실이다.

세상은 빠르게 변하고 있고, 사람들은 고요히 책을 읽을 시간이 없다고도 한다. 또한 비디오 예술가 백남준이 '미래의 세계에서는 종이는 크리넥스로만 쓰일 것'이라고 말한 것처럼, 책은 새로운 미디어의 등장으로 그 기능을 상실하였다고도 한다. 그러나 책의 기능은 단순히 살아가는 데 필요한 정보를 제공하는 데만 있는 것이 아니다. 우리는 책을 통하여 낯선 세계로 나아가며, 세상과 자신의 삶과의 화해와 불화의 긴장관계 속에서 정신적 발전을 이루는 것이다. 다른 미디어들이 인간을 감각적으로 만들고, 또한 전체 속의 무의미한 일부로서 파편화, 수동화 하는 데 반하여, 책은 우리 자신을 돌아보고 주체적, 비판적으로 사고하는 힘을 길러준다.

오늘날 우리는 무가치한 정보의 홍수 속에 살고 있으며, 굳건한 비판적 지성을 갖추기가 옛날보다 훨씬 더 어려워졌다. 우리는 책 읽기를 통하여 개인과 집단의 삶의 궁극적인 이상을 정립하고 이에 비추어 나와 우리의 삶을 성찰할 수 있는 것이다. 세상이 몇 번을 바뀌어도 변하지 않는 것은 결국 책을 읽는 사람들이 이 사회를 이끌어간다는 것이다.

가을 저녁에 혹은 비스듬히 눕고, 혹은 기대어 앉은 자세로 마치 싸우기라도 한 것처럼 말없이 TV만 쳐다볼 것이 아니라, 근처 책방이라도 나가 서로에게 알맞은 책을 권하여 보자. 아직까지 그 책방이 술집으로 바뀌지 않았다면 말이다.

어머니*

　이소선 여사가 세상을 떠났다는 소식을 듣고 조영래 변호사가 쓴『전태일 평전』을 겨우 찾아서 다시 읽었다. 전태일이나 조영래나 이소선은 이제 다 고인이 되었지만, 모두 대구 출신이라는 점도 새삼스럽다. 1970년 전태일의 죽음은 그와는 일면식도 없었던 사법연수원생 조영래의 삶을 변화시켰고, 이소선은 '내가 못다 이룬 일을 어머니가 꼭 이루어 주십시오' 라는 아들의 유언을 마지막까지 지켰다. 세상의 법칙과는 거꾸로 전태일은 어머니를 통하여 40년을 더 산 것이다.

　이소선은 세 살 때 아버지가 항일독립운동에 참여하였다는 이유로 일제에 의해 학살당하였고, 정신대로 일본에 끌려

---

* 전태일 열사의 어머니 이소선 여사는 2011년 9월 3일 만 81세를 일기로 세상을 떠나셨다.

안타깝지만 원고가 졌습니다

가 강제노동을 하는 등 전 생애를 통하여 불행한 한국현대사의 최첨단에 서 있었다. 무학無學인 데다가 처절하게 가난한 삶이었지만 자존심이 강하였고, 인간차별에 대하여는 어릴 때부터 강한 적대감을 보였던 그녀는 단순하면서도 진실한 말로 많이 배운 사람들의 복잡한 논리를 무색하게 만들었다.

전태일의 분신 이후 한국 노동운동의 어머니로 불렸던 그녀는 언제나 노동운동의 현장을 지키면서 직접 옥고를 치르기도 했다. 주위의 사람들은 더 나이 많은 사람들까지도 그녀를 그냥 '어머니'로 불렀다고 한다. 가장 널리 쓰이는 보통명사가 그녀를 지칭하는 고유명사가 된 것이다. 이소선 여사의 삶과 어머니라는 말에서 어떤 기시감旣視感이 느껴져 곰곰이 생각해 보니 러시아의 사회주의 작가 막심 고리키의 유명한 소설 「어머니」가 떠올랐다.

이 소설의 주인공도 그냥 어머니로만 지칭된다. 그녀는 아들이 사회주의자가 되고 노동운동에 뛰어들어 경찰의 추적을 받는 것을 보고 아들의 안위를 걱정하여 만류를 한다. 하지만 결국은 아들의 생각을 좇아 감옥에 간 아들을 대신하여 노동운동의 선봉에 서게 된다. 세상의 모든 어머니들은 자식이 평온하고 행복한 삶을 살아가기를 바란다. 그러나 자식이 옳은 일을 하다가 고초를 겪을 때 과감히 자식의 편에 서서 같이 싸울 수 있는 어머니는 많지 않으며, 그럴 때 모든 사람들의 어머니가 되는 것이다.

괭이밥에 관한 생각

군인들이 집에 들이닥쳐 아들과 그 친구들을 체포하는 장면에서 장교와 어머니가 나누는 대화는 정의롭지 못한 사회에서 자식을 키우는 모든 어머니들의 애끓는 고통을 잘 나타낸다. "아직 울 때가 아니오, 할멈. 그러다간 나중에 흘릴 눈물조차 남아나질 않겠소.", "이 세상 모든 어머니의 눈물은 마르지 않아! 네게도 에미가 있다면 이런 것쯤은 알 거다."

전태일의 죽음 이후 다행히 우리 사회는 많은 사람들의 희생으로 민주화가 진행되고 사회적인 모순도 많이 사라졌다. 자신의 주장을 널리 알리기 위하여 몸에 불을 지를 필요는 없어진 것이다. 그러나 아직도 우리 사회는 정의에 목말라 있다. 과거의 부정의가 부당한 권력의 눈에 보이는 폭력으로 나타났다면, 지금의 부정의는 국가의 온 영역에 걸쳐 교묘하고 묵시적인 형태로 나타나고 있어서 뭔가 잘못되고 있지만 도대체 누구의 탓이며, 어디서 싸워야 할지를 알 수 없는 것이다.

이소선 여사가 소천함으로써 모자母子의 힘든 싸움은 역사 속으로 사라졌지만, 미천한 환경 속에서도 자식을 옳게 키우려고 노력했고, 아들이 죽은 후에는 그 뜻을 이어 못 가진 사람들의 편에서 드문 용기로 권력에 맞서 싸워 모든 사람의 어머니가 된 것은 높이 평가될 일이다. 극단적인 양극화와 같은 사회적인 모순에는 눈을 감고, 그저 자식들이 가진 자들의 편에 편입되기만을 바라면서 아침부터 밤중까지 그 성적에만 안달하고 괴로워하여, 결국에는 이 사회뿐만 아니라 자식과 자신의 인생마저 황폐하게 만드는 우리 사회의 슬픈 '엄마' 들에게 보내는 말이다.

좋은 공정公正, 나쁜 공정

여러 인종이 모여 살고 유색인종에 대한 가혹한 박해의 역사를 가진 미국에서는 인종들 사이의 평등을 넘어 유색인종에 대한 적극적 차별 시정 정책〔Affirmative Action〕이 20세기 후반부터 시행되었다. 이는 단순히 기회의 평등을 보장한다는 것을 넘어 그동안 박해받아 온 소수집단을 취업 등의 기회에서 우대하는 것을 뜻하는데, 가장 대표적인 것이 '소수인종 할당제'이다. 예를 들면 주립대학의 로스쿨이나 의과대학에서 입학정원에 유색인종의 최소 비율을 규정하여 종래 백인들이 지배하여 왔던 전문직에 진출하기 쉽도록 하는 것이다.

이런 할당제는 합격한 흑인 지원자보다 성적이 더 좋은 백인 학생이 떨어지게 되는 결과를 초래하게 되어 법원으로 구제를 청구하는 경우가 빈번하게 되었다. 어떤 의과대학에

안타깝지만 원고가 졌습니다

지원했다가 그 대학의 흑인할당제 때문에 떨어진 백인 학생이 평등권을 침해했다는 이유로 제기한 소송에서 한 연방대법관은 대학의 정책을 지지하면서 이렇게 썼다. "인종차별주의를 뛰어넘기 위해서는 우선 인종을 고려해야 한다. 다른 방법이 없다. 여러 인종을 평등하게 대우하기 위해서는 달리 대우해야만 한다."*

우리 사회에서도 정의正義 담론을 넘어 공정에 대한 관심이 뜨겁다. 특히 경제가 급격히 팽창하던 시절에 좋은 직업이나 경제적 이득을 얻는 일에 많은 기회를 가졌던 기성세대에 비하여 그렇지 못한 젊은 세대들은 공정한 사회에 대한 열망이 대단한 것 같다. 그런데 2030세대의 공정에 대한 의식을 조사한 한 결과에 따르면, 개인이 주어진 능력에 따라 반칙 없는 경쟁을 보장받는 적자생존의 능력주의 수준에 머무르고 있으며, 나아가 우리 사회의 구조적인 불평등을 개선하여 소수자나 약자를 배려하려는 생각에까지는 이르지 못하고 있다고 한다.

지금의 젊은 세대들이 자신의 입신이나 이익을 넘어선 넓은 관점에서 좋은 사회의 모습을 생각하고 이를 위하여 노력하는 마음이 부족한 것은 늘 지적되어 왔다. 50년 전 청계천의 한 피복노동자가 열악한 노동현장을 알리기 위해 자신의

―――――――――

* 트럼프 대통령 이후 보수화된 미국 연방대법원은 2023. 6. 29. 하버드 대학의 소수인종 배려정책을 위헌으로 판결하였다.

몸에 불을 붙였을 때 생면부지의 서울대생들이 병원으로 달려갔던 일은 지금의 명문대생들에게는 기대하기 어려울 것이다. 이러한 젊은 세대의 표피적이고 보수적인 공정 담론에 대하여 성공회대 김동춘 교수는 '약간의 자기 기득권을 가지고 있는 사람들이 알량한 기득권을 지키기 위한 보수성이 공정담론으로 표현된 것'이라고 하였다.

〈오징어 게임〉은 재미있지만 아무도 그런 세상에서 살고 싶어 하지는 않는다. 이 드라마에서 참가자들 모두는 평등하게 대우받고 같은 규칙이 적용된다. 하지만 이를 공정하다고 보기 어려운 것은 개인들 사이의 차이를 무시하기 때문이며 사소한 능력의 차이로 성공과 실패가 나눠지고 그 실패에 대한 대가가 최종적이고 치명적으로 작용하는 것이 이유이다.

철학자 존 롤스는 '무지의 베일〔veil of ignorance〕'을 말하였다. 이는 우리가 좋은 사회의 모습이나 어떠한 정책을 선택할 때 자신에 관한 정보를 전혀 모르는 채 결정하여야 한다는 뜻이다. 자신이 타고난 환경이나 지능, 건강, 외모 등에 관하여 모르는 상태를 상정想定한다면, 재화의 총량이 크고 능력에 따른 빈부 격차가 큰 사회가 아니라 최하층이 좀 더 나은 생활을 하는 사회를 선택할 것이므로 이것이 더 정의로운 사회라고 주장한다. 젊은 세대의 공정에 대한 관심이 기울어진 운동장에서의 능력주의에 머무를 것이 아니라 약자를 배려하고 더불어 사는 사회로 나아가야 할 것이다.

안타깝지만 원고가 졌습니다

쌀 한 톨의 무게

    평화운동가이자 가수인 홍순관은 〈쌀 한 톨의 무게〉라는 노래에서 손바닥에 가만히 올려놓은 쌀 한 톨에 우주의 무게를 느낀다고 했다. 그 속에 '바람과 천둥과 비와 햇살과 외로운 별빛이' 스몄으며, 농부의 새벽이 숨어있다고 한다. 쌀이 곧 생명인 시절이 있었다. 하늘만 바라보는 천수답 다랑논이나 개천의 메기가 하품만 해도 물에 잠긴다는 상습침수지 논들은 사람의 정성에 더해 하늘의 감응이 있어야 알찬 수확이 가능했다.

    흥부의 아들이 소고깃국에 흰쌀밥을 말아먹는 것이 소원이었듯이 세끼 밥을 꼬박꼬박 먹는 것이 곧 행복이었던 시절이 있었다. 벼농사가 풍년이 들고 백성들이 배불리 밥을 먹는 것은 성군聖君이 다스리는 태평성대의 상징이었다. 밥맛이 없다는 말은 살맛이 없다는 뜻이었고, 밥숟가락을 놓는 것은 곧 세상을 뜨는 것이었다.

사람이 곧 하늘이라는 동학에서는 같이 모여 밥을 먹는 것을 제사라고 하였다. '제사가 식사요, 식사가 곧 제사다'라는 말은 밥을 먹는 일은 내 안의 하늘에게 밥을 바치는 것이어서, 위패를 벽에 붙일 것이 아니라 내 몸에 붙여야 한다고 했다〔向我設位〕.

그만큼 밥을 먹는 일이 중요하고도 어려워서 직장을 얻고 일을 하는 것을 지겨운 밥벌이라고 한다. 시인 이성복은 「밥에 대하여」라는 시에서 밥을 '어머님 젊으실 적 얼굴'이라고 표현하기도 했고, 어느 날 '참, 아저씨나 나나…'라고 말을 걸어왔다고 하여 매일 먹는 밥에서 자신의 처량한 모습을 보기도 하였다.

구한말에 네 번이나 조선을 방문하였던 영국의 지리학자 이사벨라 버드 비숍 여사는 여행기에서 당시 조선 사람들의 대단한 식탐에 놀랐으며, 너무 많은 식사량으로 소화기 질환을 앓는 사람들이 많다고 언급하였다. 비숍 여사는 당시 조선인들이 하루에 먹는 밥의 무게를 1.8kg이라고 적었는데, 지금 하루에 우리가 먹는 쌀이 155g 정도에 불과한 것을 생각한다면 지금보다 물경 열두 배를 먹었다는 것이다. 통계를 보면 우리는 30년 전보다도 개인이 먹는 쌀의 양이 절반 정도 줄었으며, 하루에 불과 밥 한 공기 반 정도를 먹는다고 한다. 공장식 축산으로 상대적으로 싸진 육류의 소비량이 엄청

안타깝지만 원고가 졌습니다

늘었고 젊은 세대일수록 탄수화물의 섭취를 꺼리니 그럴 수밖에 없을 것이다.

벼의 품종이 향상되고 관개나 수리水利가 좋아져서 생산량은 증가하였는 데 반하여 소비는 급감하여 생명줄이던 쌀이 천덕꾸러기가 되었다. 다수확 품종은 심지도 못하게 하고 경작하는 논의 면적을 줄이려고 애쓰고 있다. 그럼에도 폭락하는 쌀값으로 고통받는 농민들을 위한 양곡법 개정안이 대통령의 거부권 행사로 무산되고 말았다. 경제원리를 주장하는 여당이나 식량안보를 주장하는 야당이나 다 할 말이 있다.

그러나 '농자천하지대본' 깃발 아래서 하루 세 끼에 연연하며 살아온 우리 세대들에게는 논농사가 사라져 농촌이 쇠락하는 것은 슬픈 일이다. 농촌이 망하는 것은 지방이 사라지는 것이고, 나라의 뿌리가 흔들리는 일이다. 전쟁이 끝난 지 70년이 되었는데도 유사시에 대비하여 엄청난 돈을 국방비로 쓰는 것을 보면 식량 위기라는 미래의 사태에 대비하여 농민들을 보조하는 것이 그리 부당해 보이지도 않는다. 쌀 한 톨이 아니라 한 가마니의 무게도 가볍기만 한 요즘이다.

팽이밥에 관한 생각

내 친구 알레르기 비염

어린 시절 시골 마을에는 봄바람이 불 때쯤이면 어떤 미친 여인이 홀연히 등장하고는 하였다. 전쟁통에 이북에서 내려와 우리 동네에 정착하게 된 그릇장수 남자에게 버림받은 여인이라는 말이 돌았다. 이 여인은 며칠 밤을 동네를 떠돌면서 그 남자에 대한 온갖 욕설을 퍼붓고 다니다가는 다시 봄이 돌아올 때까지 어디론가 사라져버렸다.

그러니까 그때 우리는 어느 날 밤 문득 거리에서 들리는 광녀狂女의 영감에 가득 찬 비어卑語의 향연 속에서 비로소 봄이 왔음을 느끼곤 했던 것이다. 사람마다 봄을 느끼는 계기가 다르겠지만 요즘의 나는 육체의 극렬한 반응에서 봄을 느끼게 되었다. 10년 전쯤부터 봄만 되면 감기와 눈병이 나타나 그에 대한 치료를 받고는 하였는데, 나중에 알고 보니 알레르기 비염이었다. 봄꽃이 지천으로 필 때면 홀연히 나타나

안타깝지만 원고가 졌습니다

서 온갖 증상으로 나를 괴롭히고는 사라지는 이 병으로 고통받는 사람이 그렇게 많다는 것도 처음 알게 되었다.

쉴 새 없이 흐르는 콧물, 때와 장소를 가리지 않는 재채기, 따가운 목과 가렵고 충혈된 눈으로 인한 고통은 어떤 사람이 표현한 대로 머리를 떼어서 소금물에 담가 마구 흔들고 싶은 충동을 느낄 정도다. 이 알레르기 비염이 특이한 것은 사람이 이 병으로 죽지는 않지만 우리도 결코 이것을 쫓아낼 수 없다는 사실이다. 특효약도 없고 일시적으로 증상을 완화시켜 주는 약도 졸리기만 하지 별 효력이 없는 것 같다. 인터넷에 있는 치료법이란 것이 청소를 잘 하고, 일찍 자고 일찍 일어나고, 골고루 영양을 섭취하고, 술 마시지 말고, 밖에 많이 돌아다니지 말라는 등으로 내가 살아온 인생 전체를 부정할 것을 요구하고 있으니, 차라리 앓느니 죽겠다는 생각마저 든다.

그가 나를 없앨 수 없듯이 나도 그를 쫓아낼 수 없다면 굳이 원수처럼 생각하고 괴로워하기보다는 먼 곳에서 찾아온 친구처럼 여겨 반가운 척 즐겁게 같이 지내는 것이 좋겠다는 생각이다. 시인 조지훈은 47세에 사망하기 직전 자신의 지병을 친구처럼 의인화한 「병病에게」라는 시를 썼다. 일부를 인용하면 "자네는 언제나 우울한 방문객/ 어두운 음계音階를 밟으며 불길한 그림자를 이끌고 오지만/ 자네는 나의 오랜 친구이기에 나는 자네를/ 잊어버리고 있었던 그 동안을 뉘우

치게 되네".

사실 완전한 건강이라는 것이 사람들이 만들어낸 환상이 듯이 질병이란 것도 그 자체로서 존재하는 것이 아니라, 사람들이 느끼는 육체적인 불편함에 이름을 붙인 것에 불과한 것이다. 철학자 니체는 현대인들은 질병 그 자체보다 자신의 질병에 대하여 생각하느라 더 고통을 받으므로 병자의 상상력을 가라앉히는 것이 더 중요한 일이라고 하였다.

억지로 분을 발라서라도 예쁘게 생각해 보면 이 친구가 끼치는 것이 모두 나쁜 것만은 아니다. 덕분에 술도 절제하게 되고, 쓸데없이 다니는 일도 적어져 말도 적게 하게 된다. 집에서 혼자 보내는 시간이 많아져 책도 읽고 음악 듣는 여유도 생긴다. 내 잘못된 생활에 대하여 일 년 중 잠시라도 조용히 돌이켜 볼 시간을 갖게 하기 위하여 찾아오는 것인지도 모르겠다.

어젯밤부터 목이 간질거리더니 아침에 일어나니 콧물과 함께 눈이 충혈되었다. 오랜 친구가 진정한 봄과 함께 찾아온 것이다. 한 번쯤 빠트릴 수도 있으련만 그는 어김없이 돌아왔다. 영원회귀하는 순환소수循環小數처럼. 달포쯤 내 곁에 머무르며 미친 존재감으로 나를 성가시게 할 친구에게 영화 〈카사블랑카〉의 마지막 대사를 힘없이 중얼거렸다.

"친구여, 우리의 아름다운 우정은 지금부터 시작이야."

안타깝지만 원고가 졌습니다

멈출 곳을 알지 못하면

설 연휴 직후에 갑자기 어지럼증이 심하게 와서 난생처음 응급실에 실려 간 적이 있었다. 귀 속에 있는 평형감각을 다루는 전정신경이라는 곳에 문제가 생긴 것이라고 하는데 회복이 생각만큼 빠르고 완전하지 않다. 일상생활은 지장이 없으나 늘 즐기던 테니스나 풋살 같은 과격한 운동을 하지 못하니 아무래도 사는 재미가 덜하다. 여기에 더하여 3월에 있었던 대통령 선거 결과는 내가 평소에 가지고 있던 생각이나 희망과는 달라 실망스러웠다. 특히 젊은 2030 세대들의 보수화 성향은 내게는 충격적으로 다가왔다.

육체적으로나 정신적으로나 세상의 주류에서 벗어나고 있다는 느낌이 들어 몇 가지 결심을 하게 되었다. 우선은 책임을 지는 직책을 맡지 않아야겠다는 것이다. 아직도 맡고 있는 몇 군데 자리를 빨리 넘겨주고 정리할 생각이다. 또 많은 사람들이 모이는 모임에도 되도록 나가지 않을 생각이다. 이제는 온전히 나 자신에게 시간을 주고 싶다는 마음이다.

세상이 자기를 지나쳐 가고 있다는 느낌이 꼭 나쁜 것만은 아니다. 언제부터인가 새로운 책을 읽는 것보다는 옛날에 이미 읽었던 고전들을 다시 읽는 것이 좋다. 음악도 그러해서 내가 듣는 국내가요는 서태지가 마지막이다. 새로운 사람을 만나기보다는 늘 보는 사람들이 좋다. 코로나가 시작된 때부터이지만 일찍 귀가해서 쌓아두기만 했던 책을 읽고 음악을 듣는 시간이 늘었다.

새 정부가 출범을 앞두고 많은 사람들의 이름이 오르내렸다. 면면을 보노라면 새로운 시대에 맞지 않는 구시대의 유물 같은 사람들도 있었다. 가장 높은 자리에 지명된 한덕수 씨는 이미 15년 전에 국무총리를 지냈다. 그 후에 우리나라의 가장 큰 로펌에서 고액의 급여를 받으며 자문을 하였다. 최고의 공직에서 얻은 경험과 인맥을 활용하여 특정 고객을 위하여 일하는 것이 불법은 아니겠지만 바람직한 일은 아니다. 아마 다시 공직에 등용되는 일은 없을 것이라고 생각했을 것이다. 그런 사람이 다시 기회가 오자 이를 사양하지 않고 등장하는 것은 썩 보기에 좋은 일이 아니다.

젊은 세대의 마음을 얻지 못하여 선거에서 패배한 민주당의 경우도 그 주류인 운동권 세대 정치인들에 대한 비판이 거세다. 엄혹했던 군사독재 시절에 청춘을 바쳐 반독재 투쟁에 나선 것은 훌륭한 일이고 그 성과도 높이 평가되어야 하지만, 민주화 이후 오랜 세월이 흘러 민주주의가 주어진 전제조건이 된 사회에서는 이미 과거가 된 가치다. 오히려 운동권 출신 정치인의 도덕적 오만이 젊은 세대에게는 조국 사태를 거치면서 위선으로 비쳐졌다는 평가가 많다. 선거기간 중 송영길 대표가 이를 간파하고 정계은퇴를 선언했지만 안타깝게도 기대했던 후속선언들은 나오지 않았다.

퇴계 이황은 관직에의 진퇴를 거듭하면서 53번의 사직서를 썼다고 한다. 노후에는 고향에 은거하여 임금의 숱한 부름에 응하지 않았다. '퇴계退溪'라는 말도 고향의 시냇가로 물러난다는 뜻이다. 조선시대 유학자 화담 서경덕은 "군자가 학문을 귀하게 여기는 이유는 멈출 곳을 알 수 있기 때문이다. 학문을 하고도 멈출 곳을 모른다면 하지 않은 것과 무엇이 다르랴."라고 하였다. 멈춰야 할 곳에서 멈추지 못하는 것은 공부가 부족하기 때문이라는 말이다. 그 공부는 세상에 대한 지식뿐만이 아니라 자신을 소중하게 여기는 마음에 대한 것이다. 멈출 곳을 몰라 노추老醜로 보이는 사람들이 눈에 많이 띄는 시절이다.

무지개 저 너머

근처에 세우려는 이슬람 사원 문제로 몸살을 앓고 있는 경북대학교에서 최근 다양성위원회가 꾸려졌다. 지방대학으로서는 처음이라고 한다. 우리 지역의 대학에도 외국인 학생들이 많이 늘었고, 그중에는 이슬람 문화권에서 온 학생들도 많다. 단지 인종만의 문제가 아니라 종교, 성性, 성적 취향, 출신 학교 등 여러 부문에서 서로 다른 사람들이 차별 받지 않고 편안하게 공존하는 학교사회가 되기를 바라는 취지이다.

위원회의 외부위원으로 참여하게 되어 출범식에서 인종차별의 비극적인 역사를 겪은 다인종국가인 남아프리카공화국의 헌법재판소 판결을 하나 언급할 기회를 가졌다. 남인도 타밀 출신 이민자의 딸인 수날리가 더반의 명문 사립여자고등학교에 다니게 되었는데, 수날리는 타밀족의 전통에 따라 성인식을 하고 결혼이 허용되는 연령이 되었다는 표시로 코를 뚫어 코걸이를 하였다. 학교에서는 이것이 학칙에 위반된다는 이유로 징계를 하였고, 수날리의 부모가 이에 반발하여 법원을 거쳐 헌법재판소까지 가게 되었다. 법원에서는 학칙을 존중하여 학교의 손을 들어주었지만 헌법재판소에서는 수날리의 코걸이를 부족 문화의 표현이라고 인정하여 학교의 징계를 취소시켰는데, 그 판결문의 문구가 대단히 감동적이다.

"지금까지 자신의 종교와 문화를 표현하는 데 두려움을 가졌던 다른 학생들이 표현할 용기를 갖게 된다면 이는 축하할 일이지 염려할 일이 아니다. 더 많은 학생이 학교에서 자신의 종교와 문화를 자유롭게 표현할수록, 우리는 헌법이 상상하고 있는 사회에 더 가까워질 것이다. 종교와 문화를 공개적으로 드러내는 것은 재앙의 시작이 아니라 학교, 더 나아가 우리나라를 풍요롭게 만드는 '다양성의 잔치'이다."

다양한 인종으로 구성되어 있는 남아프리카공화국의 새 헌법 전문에는 "남아프리카가 이 나라에 거주하는 모든 이에게 속하며, 다양성 속에서 하나됨을 믿는다."고 하여 '다양성'을 명시적인 헌법의 원칙으로 인정하고 있다. 우리 헌법에서는 제11조에서 각 영역에서의 차별을 금지하는 평등권 조항만을 두고 있으며, 차별금지법은 추진된 지는 오래

되었지만 국회의 문턱을 넘지 못하여 애를 먹고 있다.

우리는 단일민족이라는 긍지에 더하여 인화人和를 강조하는 전통적인 유교정신으로 자신과 다른 것에 대한 너그러움이 부족하다. 비극적인 현대사를 거치면서 '총화단결'이라는 구호 아래에서 남과 다른 생각을 하고 남과 다르게 행동하는 것은 위험한 일이 되었다. 이러한 다른 것과 새로운 것을 기피하는 성향은 보수적 성향이 강한 우리 지역에서 더심하게 드러나고, 이는 빠르게 변화하는 세상에서 점점 더뒤떨어지는 원인이 되었다. 그러나 민족이란 개념이 종교적권위가 사라진 시대에 이를 메우기 위한 정치적 필요에 의하여 만들어진 '상상된 공동체'라는 주장에서 보다시피 이를절대시하여서는 안 될 것이며, 국경이 점점 더 의미가 희박해지는 현대의 이동사회와 초연결사회에서 민족과 국가라는 개념에 집착하는 것은 퇴보적인 생각이다.

무지개가 아름다운 것은 여러 색깔이 공존하기 때문이다. 영화 〈오즈의 마법사〉에 나오는 유명한 노래 '무지개 저 너머[Over the Rainbow]'의 한 구절이다.

> "무지개 저 너머 어딘가에
> 옛날 자장가에서 들었던 나라가 있네
> 무지개 저 너머 하늘이 푸른 곳에
> 감히 꾸었던 꿈들이 정말로 이루어지고 있네"

안타깝지만 원고가 졌습니다

3

미혹되지 않는 마음

미혹되지 않는 마음

17세기에 살았던 프랑스 수학자 파스칼은 신神의 존재 여부를 따지는 도박에서 신을 믿는 것에 패를 거는 것이 더 이득이라는 말을 하였다고 한다. 이는 확률에 있어서의 기댓값이라는 개념 때문인데, 만약 신이 존재함에도 신을 믿지 않은 패를 선택한 경우에 받는 불이익〔지옥에서의 영원한 형벌〕과 신이 존재하지 않음에도 신을 믿은 경우에 입는 손해〔일요일에 교회를 가거나 십일조를 바치는 정도〕를 비교하면 앞의 경우가 훨씬 크다는 것이다. 그러므로 신이 존재할 확률이 낮더라도 그 존재를 믿고 따르는 것이 이익이 된다는 것이다.

이 주장의 결함 중 하나는 신 또는 하느님의 속성을 인간과 같은 것으로 생각하였다는 것이다. 자신을 믿고 숭배한 자들에게는 천국의 지복을, 그렇지 않은 자들에게는 지옥의 고통을 주는 것은 인간의 옹졸한 심성에서 나온 것이다. 아

안타깝지만 원고가 졌습니다

무리 인간이 자신의 모습에 따라 신을 만들었다고 하더라도 우리는 신에게 이러한 속성을 부여할 수는 없을 것이다.

나는 강고한 무신론자는 아니다. 그러나 신이 있다고 하더라도, 신은 우리가 이해할 수 있는 범위 밖에 있으며 인간들이 하는 행동이나 선악의 기준에 관하여 아무런 관심이 없다고 믿는다. 우리 시대에 가장 우주의 비밀에 근접해 있었던 과학자 스티븐 호킹이 강연을 마친 후 어떤 청중이 신의 존재에 관하여 묻자 자신은 거기에 관하여 아무것도 모른다고 답한 것은 인상적이었다. 어떤 사람들이 신에게 인간의 모습이나 감정을 투영하는 것은 자신의 숨겨진 목적이 있기 때문이다.

코로나로 모두가 힘든 시기에 그 창궐의 근거지로 일부 교회가 지적되어 왔고 그 반사회적인 행태에 관하여 많은 비판이 일었다. 계몽과 이성의 시대를 거쳐 과학의 시대에 살고 있음에도 유독 우리나라와 미국에서 기독교가 더욱 번성한 것에 관하여는 여러 이유가 있을 것이다. 미국은 성경을 자구字句 그대로 믿고 기본 교리를 엄격하게 지키는 원전주의(Textualism)나 근본주의(Fundamentalism) 신자들이 많지만 그렇지 않은 유럽보다 더 사회의 폭력성이 높고 행복지수는 낮다.

철학자 버트란드 러셀은 「나는 왜 크리스천이 아닌가」라는 글에서 세계의 주요한 종교들은 그 교리들이 거짓일 뿐 아니라 해롭다고 단언하였다. 인간의 역사에서 어떤 종교가 태어나고 세력을 넓히는 과정은 대량 살육의 역사였다. 누군가 말했듯이, 종교가 없어도 좋은 사람은 좋은 일을 하고 나쁜 사람은 나쁜 일을 하지만, 좋은 사람이 나쁜 일을 하는 것은 대개 종교의 이름 아래에서였다. 어느 진화론자의 말에 따르면, 남에게 베풀기를 좋아하고 공동체를 위하여 희생하는 인간의 성품은 자신의 유전자를 후세에 전달하려는 '이기적 유전자' 속에 포함되어 있는 것이지 종교의 가르침 때문에 생긴 것은 아니다.

지금 우리 사회의 현상을 살펴보면, 사람들은 종교의 교리를 배우고 이를 신봉해서 개종하는 것이 아니라 어느 집단에 포함되기 위하여 그 교리를 믿거나 믿는 척하는 것이 아닐까 하는 생각이 든다. 개인주의와 자유주의가 팽배한 사회에서 현대인들은 현실을 초월한 종교적 공동체가 주는 마음의 위안이나 소속감을 갈구하는 것이 아닐까. 우리 사회가 유례없이 급속하게 변하면서 대가족이나 친구, 마을과 같은 위안과 도움이 되는 공동체가 파괴된 것과 종교가 번창한 것은 그 시기를 같이한다.

종교는 내세에 대한 믿음을 전제로 하는 경우가 많지만, 이는 증명할 수도 없고 근거도 없는 것이다. 지금 우리 사회에서 종교가 순기능을 하기 위해서는 자신도 확신하지 못하는 내세에 대한 환상을 내세워 현세에 불화와 갈등을 일으키

안타깝지만 원고가 졌습니다

는 폭력적인 삶을 권할 것이 아니라, 지금 여기에서 이웃들과의 조화롭고 행복한 삶을 중시하는 '유순하고 세속적인' 종교가 되어야 할 것이다. 그보다 중요한 것은 신의 존재나 속성에 관하여 쉽게 미혹되지 않는 강건한 마음을 가지도록 모두가 힘쓰는 것이다.

페이스북은 민주주의를 해치는가?

페이스북에 가입한 지 10년이 되었다고 묻지도 않았는데 알려준다. 그동안 여기서 많은 사람을 알게 되었고 많은 정보나 소식도 나눴지만 그것이 여기서 보내는 시간에 값할 만한 가치가 있는지는 잘 모르겠다. 그럼에도 눈이 떠지면 새로운 것이 없는지 확인하고 잠들기 전에도 그곳에 뭔가를 끄적이는 습관은 떨치기 힘들다.

페이스북의 가입자 수가 전 세계적으로 28억 명이나 된다고 하니 그 영향력은 대단하다. 현대인은 뉴스를 자신이 선택하여 구독하는 것이 아니라 페이스북으로 대표되는 플랫폼의 알고리즘이 골라주는 것을 본다. 이 거대 플랫폼이 자신의 영향력에 맞는 공적인 책임감 없이, 회사의 이익을 늘리기 위하여 선정적이거나 편파적인 의심스러운 뉴스를 많이 노출시키고 성향이 비슷한 가까운 친구들이 올린 소식을 먼저 띄우는 알고리즘을 채택하는 것이 문제이다.

2020년 말 미국 대통령 선거에서 패배한 트럼프의 지지자들이 무력으로 국회의사당을 점령하는, 제3세계 후진국에나 있을 법한 일이 워싱턴에서 일어난 것에 관하여 페이스북의 책임을 주장하는 사람들이 있다. 페이스북이 가짜뉴스에 대응하기 위하여 회사 내에 만들어 운영하던 시민진실성〔Civic-Integrity〕 부서를 선거 직후에 해체하여 버린 것이다. 그러자 선거를 도둑맞았다는 내용의 선정적인 가짜뉴스가 범람하게 되고 같은 생각과 성향을 지닌 사람들이 모여 점점 더 과격하게 되는 마당을 제공하게 된 것이 원인이라는 주장이다.

페이스북을 비판하는 사람들은 영국의 EU 탈퇴인 브렉시트, 미국의 대통령 선거 결과에 대한 불신, 미얀마의 인종청소, 코로나 백신에 대한 거부 운동과 미국 내의 유색인종에 대한 테러 등 많은 좋지 않은 일들에 대하여 페이스북이 나쁜 영향을 끼쳤다고 믿고 있다. 페이스북으로서는 억울하겠지만, 그동안 공익성보다는 이용자의 습관성이나 중독성을 강화하는 방향으로 알고리즘을 운용해 온 것이 원인이 되었다고 보아야 할 것이다.

기업은 성장과 이윤을 우선 목표로 한다. 페이스북은 2020년에 58%의 순익증가를 기록하였으며, 2021년에 시장가치가 1조 달러를 넘을 것으로 예측됐다. 우리나라의 다음 카카오에서 보듯이 기업이 일정한 규모를 넘어 개인의 생활에 깊숙이 개입하게 되면 뒤늦게 이를 제지하는 것은 대단히 힘들다.

하버드 대학의 한 교수는 현재의 경제를 감시자본주의〔Surveillance Capitalism〕라고 불렀는데, 이는 개인의 모든 경험이 데이터로 만들어지고 이를 기반으로 기업이 개인의 행동 패턴을 분석하여 돈을 버는 데 이용한다는 것이다. 이러한 과정에서 개개의 소비자들은 자신도 모르는 채 모든 정보가 노출되어 이용당하고 조종받는다는 것이다. 이러한 감시자본주의 아래에서 개인의 자율성이나 민주주의는 위협받을 수밖에 없다.

민주주의는 주체적으로 사고하고 자율성을 지닌 구성원들을 전제로 한다. 현대의 소외된 인간을 연결시켜 사회에 선한 영향을 끼치고자 했던 플랫폼이 오히려 사람들을 정치적으로 양극화시켜 진정한 토론과 교류를 막고 선정적인 가짜뉴스에 취약한 조종당하기 쉬운 반민주적인 인간으로 만들고 있는 것은 참 아이러니한 일이다. 스마트 폰에서 떨어져 더 많이 읽고, 생각하고, 대화하는 시간이 민주주의를 지킬 수 있다.

페이스북으로 대표되는 SNS가 결코 인간을 행복하게 만들지는 못한다는 것은 많은 심리학자들이 주장하여 온 바다. 진정한 위안은 사람들 사이의 직접적인 교류에서 나오는 것이지 온라인에서의 클릭이나 댓글에서 오지는 않는다. 넘쳐

나는 찰나의 '가짜 위안'은 오히려 사람들을 더 목마르게 할 뿐이다. 그럼에도 나는 이 글을 또 페이스북에 올려 잠시나마 뽐을 내고 흐뭇해할 것이니 이를 어쩌면 좋으냐!

아무도 외로운 섬이 아니다

요즘 세계에서 가장 널리 사용되는 소셜 네트워크인 페이스북에 재미를 붙였다. 친구의 친구를 건너뛰다 보면 온갖 사람들을 다 만나게 된다. '지구는 둥그니까 자꾸 걸어 나가면 온 세상 어린이들 다 만나고 오겠네' 란 동요처럼 사람과 사람을 연결하다 보면 결국은 온 세상 사람들을 다 만날 수 있을 것 같다.

과학자 알버트 바라바시가 쓴 『링크』란 책을 보면, 미국에 사는 임의의 두 사람 사이의 거리를 알아내는 실험을 하였는데, 살고 있는 지역이나 직업상 가장 멀리 떨어져 있는 두 사람을 연결시키는 데는 평균 5.5명의 중간 단계를 거치면 된다는 것이었다. 이는 예상 밖으로 작은 수였는데, 이를 기초로 지구상에 있는 모든 사람은 단지 여섯 명의 사람들로 이뤄진 사슬로 다 연결되어 있다는 '여섯 단계의 분리' 라는

안타깝지만 원고가 졌습니다

말이 나오게 되었다고 한다.

　세상 사람들이 단지 몇 개의 고리로 연결되어 있다는 사실은 우리가 참으로 좁은 세상에 살고 있다는 감탄과 함께, 사람은 다른 사람들과의 관계 속에서만 존재하며 그 의미가 있다는 생각을 다시 하게 만든다. 나에게 있어 모든 사람은 다른 세상으로 들어가는 문인 동시에 나 또한 다른 사람들에게 있어서 새로운 세계로 연결되는 고리 역할을 하고 있는 것이다.

　우리가 이렇게 밀도 높은 그물망 속에서 살고 있음에도 사람들이 점점 소외되고 고립감을 느낀다는 것은 역설적이다. 아무래도 현대의 인간관계가 실리적이고 형식적인 것이어서 그런 것이 아닐까 하는 생각이다. 사람들 사이의 즐거움은 직접 낯을 마주하는 데서 주로 생기는데, 휴대폰과 인터넷의 발달은 오히려 그 필요성을 크게 줄여버렸다. 소식을 전하는 것도 문자메시지로 대신하는 경향이어서 목소리를 듣는 기회조차 드물게 되었다.

　사람이 애써 돈과 명예를 추구하는 것도 사실은 주위 사람들의 인정을 받고자 하는 욕망 때문이 아닐까. '비단 옷 입고 밤길 걷기'라는 말이 뜻하듯 아무리 좋은 옷을 입어도 남이 볼 수 없다면 소용이 없는 일이다. 사람들과의 연결고리가 끊어지거나 약해져 사람들에게 도움이 되어 존경받기를 바라고 해를 끼쳐 비난받는 것을 피하고 싶은 욕망이 없어진다면 살아갈 아무런 의미가 없어지는 것이다.

　최근에 미국의 뉴욕타임스에서는 우리나라가 신경쇠약 직전의 상태에 있다고 보도하면서, 높은 이혼율과 세계 최고 수준의 자살률 등을 그 증거로 들었다. 우리나라는 짧은 기간 동안 유례가 없는 높은 성장을 기록하였지만, 그 이면에는 전통사회의 급격한 붕괴가 있었다. 가족, 친척, 마을이나 친구 등 늘 울타리로 의지하였던 정신적인 피난처가 사라져 버렸다. 물질적인 성과로 사람을 평가하는 사회구조는 인간관계를 공허한 것으로 만들었고, 사람들은 수많은 교류 속에서도 오히려 고독을 느끼게 된 것이다.

　페이스북을 하면서 친구로 등록된 사람들과 연락을 주고받기도 하고 어떤 생각을 하면서 어떻게 살아가는지를 알기도 한다. 또 친구를 통하여 모르는 사람들로부터 친구 요청을 받기도 하고 반대로 나를 통하여 모르는 사람들이 친구가 되기도 한다. 현실에서 일어나던 일들이 훨씬 빠르고 편리하게 벌어지는 것이다. 개개의 사람들 자신이 다른 사람들의 행복한 연결고리이고 그 고리가 빠지면 세상의 한 부분이 무너지고 고통을 받는다는 생각을 가진다면 좀 더 살 만한 세상이 될 것이다.

　누구도 외로운 섬이 아니라 대륙의 일부분이라고 노래한 시인 존 던의 「누구를 위하여 종은 울리나」의 마지막을 떠올려 본다.

안타깝지만 원고가 졌습니다

어느 사람의 죽음도 나를 줄어들게 하나니

왜냐하면 나는 인류에 속해 있기에

그러므로 굳이 알아보려고 하지 마라

누구를 위하여 종을 울리는지

그것은 그대를 위하여 울리는 것이니

미혹되지 않는 마음

누가 우리의 잠을 훔쳐갔나

장관에 이어 대통령까지 나서서 "연봉 7천만 원을 받는 근로자들이 불법파업을 한다면 국민들이 용납하지 않을 것"이라고 언급하였던(그러나 연봉도 그만큼 되지 않고, 파업이 불법인 것도 명백하지 않으며, 용납하는 국민도 많다.) 자동차 부품 제조업체인 유성기업 근로자들의 주된 요구는 주야간 2교대제에서 주간 2교대제로 일할 수 있도록 해달라는 것이었다.

한마디로 밤 10시에 시작하여 오전 8시에 끝나는 10시간 철야근무를 없애고, 낮에 일하고 밤에는 잠을 자게 해달라는 것이다. 우리는 급격한 경제성장의 과정에서 잠자는 시간을 줄이거나 밤을 새워 일하는 것을 당연한 것으로 여겨왔다. 오늘날 우리가 누리는 눈부신 발전의 바탕에는 열악한 환경에서 오랜 시간 강도 높은 노동에 시달리다 희생된 많은 노동자들이 있다.

안타깝지만 원고가 졌습니다

1970년대 공장에서 철야 노동에 시달리는 근로자들의 고단한 삶을 세마치장단으로 노래한 김민기의 〈소금땀 흘리흘리〉는 언제 들어도 콧등이 시큰해진다. "굴뚝에 빗대면 졸음이 올까 봐/ 온몸 흔들고 밤바람 쇠는데/ 오늘 하루 흘린 땀 쉴 만한가/ 큰 숨 들이쉬고 두 팔도 치켜들고/ 흘리 땀 흘리 소금땀 흘리흘리/ 행여 죽어도 행여나 살아도// 한밤에 켜진 불 열심도 열심이지/ 두 밤에 뜬 눈은 힘에도 겨웁지/ 소골소골 시냇물 시원한데/ 내일도 흘릴 땀 무슨 땀 흘리흘리/ ……/ 한 살이 지나면 미운 님 떠나가고/ 두 살이 지나면 고운 님 떠나가고/ 세 살이 네 살이 다 가도/ 남아서 살 사람 소금땀 흘리흘리"

현대 문명이 사람들의 편안한 잠을 빼앗았다는 것은 늘 지적되어 왔다. 잠은 필요악으로 간주되었고 유능한 사람일수록 적게 잔다는 믿음이 지배하고 있다. 현대의 생활은 24시간 생활방식에 기초하고 있으며, 밤을 새워 일하는 일 중독자들이 영웅이 되는 세상이 되었다. 최근 한 휴대폰 제조회사에서 신제품을 발표하면서 3개월 동안 임산부를 포함한 전 직원이 밤을 새워 만들었다고 자랑하였다. 그러나 생각해 보면 가능한 일도 아니거니와 자랑할 일은 더더욱 아니다.

에디슨이 전구를 만들어 작업장에서 어둠을 몰아내고 생산라인과 컨베이어 벨트가 발명됨에 따라 하루 24시간 공장을 가동하는 것이 가능하게 되었다. 그러나 밤에 일하고 낮

미혹되지 않는 마음

에 자는 생활이 계속되면 실제적인 수면시간이 줄어들 뿐만 아니라, 잠의 질도 현저하게 떨어져 만성적인 수면부족상태에 빠져 작업능률도 떨어지고 건강도 해친다고 한다.

심리학자 스탠리 코렌이 쓴 『잠 도둑들〔Sleep Thieves〕』을 보면, 사람의 몸과 마음의 생물학적인 시계는 낮 시간에 활동을 하고 밤에는 쉬도록 맞추어져 있다고 한다. 밤에 근무하는 교대근무자들은 자기 자신의 내부시계와 싸우고 있는 것이다. 어떤 실험에서 하룻밤을 못 잔 대상자들을 나누어 각각 밤과 낮에 잠에 들게 하였는데, 낮에 잔 사람들은 하루를 못 잔 상태인데도 평소보다 잠을 적게 잤으며 잠도 깊지 못하여 깨어나서도 여전히 졸리고 피곤함을 느꼈다고 한다.

야간근무자들이 겪는 더 큰 고통은 가족과 가정이 희생된다는 것이다. 잠자는 시간이 달라 서로 함께할 수 있는 시간이 없다. 한 근로자는 "야간조로 일한 2년 동안 아내와 웃는 얼굴로 대화한 일이 거의 없다."고 하였다.

우리나라가 G20에 들 정도로 선진국이 되었고 대기업들이 엄청난 이익을 올리고 있지만, 극소수만 그 혜택을 누리고 일반 국민의 삶의 질은 과거에 머물러 있다면 아무런 의미가 없는 일이다. 정말 심하게 배부른 사람들이 밤에는 자고 싶다는 근로자들의 기본적인 욕구를 배부른 소리로 매도하는 일이 없었으면 한다.

안타깝지만 원고가 졌습니다

우리의 정원은 우리가 가꾸어야

1755년 11월 1일 아침, 포르투갈의 수도 리스본은 만성절 萬聖節을 맞아 교회마다 신도들로 가득 차 있었다. 입당송이 시작될 때 땅이 흔들리면서 종탑의 거대한 종들이 저절로 울려댔고 곧이어 건물들이 무너져 내리기 시작하였다. 당시 유럽의 가장 번성한 도시 중의 하나였으며 하느님의 도시라고 불릴 정도로 가톨릭의 위력이 강하였던 리스본에서 일어난 역사상 최악의 지진은 유럽의 모든 지성들에게 깊은 충격을 주었다.

가장 경건한 도시를 가장 경건한 시간에 덮쳐 수만 명의 희생자를 발생시킨 이 지진은 모든 사람들에게 자신의 세계관을 돌이켜 보게 하였고, 인류를 좀 더 현명하게 만들었다. 신의 섭리에 의해 세상은 조화롭게 발전한다는 낙관주의는 힘을 잃게 되었다. 자연은 인간들의 행위와는 상관없이 자신의 법칙에 의해 움직이는 것이며 자연재해가 일어났을 때 이를 극복하는 것도 바로 인간들의 힘에서 나온다는 깨달음은 유럽의 근대화를 꽃피우고 시민혁명을 가져온 기폭제가 된 것으로 평가된다.

모든 자연재해 중에서도 지진은 인간을 가장 무력하게 만든다. 우리는 지진을 예측할 수도, 막을 수도 없으며 그 누구에게도 책임을 물을 수 없다. 늘 안전하게 두 발을 딛고 설 수 있다고 생각한 땅이 흔들리고, 가장 견고하다고 믿었던 것이 비틀거리며 산산조각이 나는 것을 그저 바라보면서 세상에 완벽한 안전은 없다는 것을 깨닫게 되는 것이다.

이런 무력감이 오랜 옛날부터 지진을 신神의 인간에 대한 분노의 가장 완벽한 표출로 생각하게 만든 것 같다. 구약성서에서의 지진은 신이 인간의 행동을 혐오한 나머지 세상을 구겨서 던져버리는 것으로 묘사된다. 리스본 대지진 이후 복구에 가장 방해가 된 것도 성직자들의 이러한 징벌론이었다. 리스본은 시민들의 타락으로 인하여 신의 저주를 받은 것이며 따라서 복구에 나설 것이 아니라 참회하고 기도하여야 한다는 설교는 많은 사람들을 공포에 떨게 만들었으며 피해를 더 크게 만들었다.

일본에서 일어난 참혹한 대지진*은 엄청난 재앙을 불러왔

---

* 2011년 3월 11일 일어난 동일본 대지진은 사망자가 2만 명에 이르며 후쿠시마 원전이 파괴되는 큰 피해를 일으켰다.

안타깝지만 원고가 졌습니다

다. 일부 종교 지도자들이 이 처참한 결과에 대하여 징벌론을 들먹이며 자신의 믿음을 강요하는 것은 계몽과 진보의 역사를 다시 되돌리려는 부끄러운 일이다. 좋은 혈색을 하고 성스러운 옷을 걸치고 입만 열면 사랑을 외치는 자들이 정작 이웃의 단장의 고통에는 둔감한 것을 보는 일은 섬뜩하기까지 하다. 인류에 대한 추상적 사랑이 깊어질수록 정작 구체적인 개인의 고통에 대하여는 무관심해진다는 도스토옙스키의 말은 아픈 진실이다.

상상력의 한계를 넘는 규모의 재앙을 접하게 되면 사람들은 초월적인 존재에 모든 것을 던져버리고 싶은 충동을 느끼게 된다. 그러나 리스본 대지진이 사람들에게 세상을 돌아가게 하는 것은 신의 섭리가 아니라 인간의 자유의지임을 인식하게 하였듯이, 우리는 재앙을 통하여 자연의 거대한 힘에 대한 겸손과 함께 사람의 힘은 사람들 사이의 유대관계에서 나온다는 것을 깨달아야 하는 것이다.

프랑스의 사상가 볼테르는 리스본 대지진에 충격을 받고 장시長詩를 쓰기도 하였으며, 「캉디드 혹은 낙관주의」라는 소설을 내놓았다. 주인공 캉디드는 온 세상을 다니면서 리스본 대지진을 포함한 온갖 고초를 겪고는 마지막에 스승과 아내와 함께 작은 농가에 정착하게 된다. 스승 팡글로스의 '존재하는 것은 모두 최선'이라는 근거 없는 낙관주의에 대한 캉디드의 대답은 이 위대한 책의 마지막 문장인데, 불확실성으로 가득 찬 세상에서 신에 의지하지 않고 자신의 힘으로 서려는 근대인의 탄생을 알리는 것이기도 하다.

　"지당하신 말씀이지만, 이제 우리의 정원은 우리가 가꾸어야 합니다."

안타깝지만 원고가 졌습니다

병원을 불매不買한다

소크라테스가 독배를 들기 전에 제자들에게 마지막으로 남긴 말은 아스클레피오스에게 닭 한 마리를 빚졌으니 갚아 달라는 부탁이었다. 이 말은 여러 가지로 해석되고 있으나, 당시 병이 나으면 의술醫術의 신 아스클레피오스의 신전에 닭을 바치는 관습이 있었고, 소크라테스가 임박한 죽음을 병에서 치유되는 것으로 비유하였다는 말이 유력하다.

플라톤은 『국가』에서 의사인 아스클레피오스를 정치가로 불렀다. 아스클레피오스는 깨끗이 나을 수 있는 병은 고쳤지만 독을 주입하여 비참한 생활을 연장하는 치료는 하지 않았다고 한다. 의술의 목표는 '좋은 삶'이 되어야 하고, '좋은 삶'과 충돌하는 순간부터 의술은 오히려 해로운 것이 되며, '좋은 삶'을 결정하는 것은 결국 정치가가 하여야 할 일이라는 뜻이다.

미혹되지 않는 마음

이는 의술이 보잘것없던 옛날의 이야기에 불과하지만 이 이야기가 주는 교훈은 아직도 유효하다. 근대 이후 인간의 수명이 크게 연장되고 특히 병균에 의한 질병을 예방하여 때 이른 사망을 줄인 것은 모두 의학의 발전 덕분이다. 이러한 변화는 특별한 대우를 받는 전문 의료인 계층의 발생과 함께 화학약품과 고가의 의료기계 등의 개발에 따른 거대한 의료산업을 탄생시켰다. 이러한 의료산업의 가속적인 팽창은 그 나름의 논리와 이해관계를 가지게 되어 이제는 국민 개개인의 건강한 생활을 위한 것이라는 자신의 존재근거마저도 무시되는 결과를 초래하게 되었다.

기업화된 의료산업은 나름의 이윤논리로 작동하고 있으며, 의료인들은 의료에 관한 지식을 독점한 동업자조합의 일원으로서 경제적 이익과 명예 추구에 몰두하고 있다. 새로운 검진기계의 발명은 과거에 없던 질병을 만들어 내어 종래의 정상인을 비정상인으로 분류한다. 역설적으로 말한다면, 새로운 약이 개발되었다면 그에 맞는 질병이 역시 개발되어야 하는 것이다. 의료의 목적이 건강하고 좋은 삶을 위한 것이 아니라, 우리의 건강이라는 개념이 최신 의료에 맞게 조절되는 가치의 전도顚倒가 일어난 것이다.

최근에 미국의 노인전문의사인 루이즈 애런슨이 쓴 『나이듦에 관하여〔Elderhood〕』란 책을 읽었다. 노년의 초입에 서 있는 사람으로서 늙음과 죽음에 관한 성찰을 하게 만드는 좋

안타깝지만 원고가 졌습니다

은 책이었다. 저자는 사람 특히 노인에 대한 좋은 의료란 무엇인가에 관하여 의문을 던지는데, 환자의 개별성에 대한 공감이 부족하여 최신 기술과 화학약품을 무분별하게 적용한 질병의 치료에만 몰두하여 오히려 환자 삶의 마지막을 망치고 마는 현대 의학에 반성을 촉구하고 있다. 특히 현재의 의학 교육은 의사들의 환자에 대한 공감능력을 말려 버리고, 세뇌로 상식적 사고력까지 박탈하여 살아 있는 기계로 만든다는 극단적인 비판도 하고 있다.

우리나라에서도 의료산업의 팽창과 함께 수명의 연장과 인구의 고령화 등으로 인하여 의료비 지출이 최근 5년 사이에 50조 원이 증가하였다는 통계도 있고, 전체 GDP에서 차지하는 비율도 급격하게 증가하고 있다. 상황이 그러함에도 현재 의사의 수가 13만 명 정도라고 하는데, 의과대학의 정원을 10년간 400명 늘이겠다는 정부의 정책에 관하여 이 엄중한 상황에서 파업으로 맞서는 일부 의료인들의 태도는 집단이기주의로밖에는 받아들일 수 없다.

의학을 비롯한 과학기술은 본질적으로 도구에 불과하다. 이러한 도구의 필요성에 대한 판단과 선택의 결정권은 과학기술자에게 있는 것이 아니라 플라톤의 말과 같이 정치에 있다. '건강하고 좋은 삶'을 규정하는 것은 의료인의 영역이 아니라 철학이나 인문학의 영역이며, 국가 의료정책의 목적은 국민의 삶과 죽음의 질을 높이는 것이지 마지막 의사 하나까지도 풍요한 생활을 보장하기 위한 것이 아니다.

어느 복지에 관한 강연에서 스칸디나비아 국가들에 비하여 우리나라의 개인당 의료비 지출이 5배에 달한다는 말을 들은 적이 있다. 우수한 건강보험의 혜택이기도 하겠지만 우리가 자신의 건강을 너무 많이 병원에 의존하고 있다는 생각이 들 때가 많다. 어릴 때부터 자연 속에서 뛰어놀게 하고 사소한 질병은 면역력으로 스스로 치유되게 하는 북유럽식 건강법이 태어날 때부터 병원을 들락거리는 우리나라보다 훨씬 더 건강한 삶을 보장한다.

사실 완벽한 건강은 하나의 환상이다. 우리가 인생에서 과도한 욕심을 버리고 생로병사의 필연적인 과정을 평온한 마음으로 받아들이면서, 자연 속에서 열심히 몸을 움직이고 욕망을 절제하는 생활습관을 들이며 이웃에 대한 공감능력을 키우는 것이 건강하고 좋은 삶이다. 이를 위하여 자신의 건강에 관한 권리를 너무 많이 의료인과 의료산업에 넘기지 않는 것이 좋겠다.

큰고모

큰고모님은 우리 나이로 102세에 돌아가셨다. 모진 시집 살이로 젊은 시절 엄청난 고생을 하셨음에도 늘 웃음을 잃지 않고 낙천적이셨던 것이 장수비결이라고 주위 사람들이 말하곤 했다.

큰고모님과 같이 생활하던 시간이 많았는데 에피소드가 참 많다. 남이 먹다 남긴 감기약이 있으면 감기도 걸리지 않은 자신이 드셨다. 많이 배운 약사가 몸에 좋으라고 신경 써서 지은 것인데 버려서는 안 된다면서. 큰누나 집에 머물 때에는 쥐약을 넣은 밥을 드셔서 난리가 난 적도 있었다. 김영삼 대통령이 당선될 때에는 집안에 혼자서 김대중 당시 후보를 찍어 원망을 받았는데, 본인의 논리는 단순했다.

"모두 똑같은 사람만 찍어가 되는강! 골고루 찍어줘야지."

우리가 무엇을 잃어버려 찾느라고 부산을 떨면 늘 하는 말씀이 "어데(어디에) 있어도 있다마."였다. 질량보존의 법칙을 배우지 않아도 스스로 깨친 분이셨다. 결국 못 찾아서 잃어버리거나 도둑을 맞은 것이라고 안타까워하면, "어데 있어도 있고, 누가 써도 쓴다."라고 일갈하셨다.

서울에 볼 일이 있어 아침 일찍 도착했는데 갑자기 비가 와서 강남역 지하상가에서 만 원을 주고 가방에 쏙 들어가는 예쁜 우산을 샀다. 점심을 먹고 건물의 1층에 있는 은행 앞 ATM기에서 송금을 하느라고 끙끙대는 사이에 뒤의 의자에 두었던 우산이 어느새 사라져버렸다. 서울 사람들은 손이 참 빠르다.

저녁에 일을 다 보고 다시 육천 원을 주고 지하슈퍼에서 우산 하나를 샀다. 기차를 타고 동대구역에서 내렸는데 비가 오고 있어 보니 우산을 열차에 두고 내렸다. 다시 동대구역 매점에서 오천 원을 주고 또 하나 샀다. 집 앞 맥줏집에서 생맥주를 한잔 하면서 계속 우산을 바라보았다. 이제는 다시 살 일이 없겠지.

하루에 우산을 세 번씩이나 사는 건 참 기이한 일인데, 나를 잠깐씩 스쳐간 우산들을 생각하면서 큰고모님의 말씀이 떠올랐다.

"어데 있어도 있고, 누가 써도 쓴다마!"

물건도 사람도 다 마찬가지인 것 같다. 잃어버렸다고 생각하는 것도 나를 중심으로 생각하는 것이다. 내 옆에 없고 내 눈에 보이지 않는다고 없는 것이 아니라 어딘가에서 나름의 역할을 하면서 존재하고 있을 것이다. 큰고모님을 생각하면서 그런 크고 초연한 마음을 가지고 노년을 지내야겠다는 다짐을 해본다.

미혹되지 않는 마음

외로운 사람들

은행에 맡겨 둔 정기예금이 만기가 되었다고 하여 근처 점포에 갔다. 다시 예치를 하려고 하니 종이 통장을 만드는 것보다 인터넷 모바일 뱅킹으로 하면 0.3%의 이율을 더 준다고 한다. IT에 익숙하지 않은 사람으로서 거부감이 있었으나 이율 차이도 크고 직원이 권하기도 해서 그렇게 하기로 하였다. 내 스마트폰을 주고받으면서 뭘 깔고 또 깔고 계속 입력하고 수없이 '동의'를 누르고, 인증번호를 몇 번이나 받아 넣고, 그래도 막히는 경우에는 딴 직원을 부르고 하여 기존 계좌로 하면 십 분 만에 될 일을 거의 한 시간이나 고생했다.

거대 은행이 이렇게까지 모바일 뱅킹을 권유하는 것은 인력과 점포를 대폭 줄여 비용을 절감하려는 목적임이 뻔히 보이지만, 나는 아마 만기에는 또 점포에 가서 직원에게 맡길 것이다. 나는 천성이 게을러서인지 누구나 다 사용한다는 카카오 택시나 대리도 사용하지 않고 쿠팡이나 배민(배달의 민족) 앱도 없어 책 이외에는 인터넷으로 구매하지도 않는다.

현대 IT산업의 발달은 사람이 사람을 직접 만나야 할 필요를 크게 줄였고, 이는 코로나의 대유행으로 더 심해졌다. 기업뿐만 아니라 정부나 지자체도 경영 효율화와 이용자의 편의성 제고를 이유로 사람을 직접 만날 필요를 없애는 비대면 스마트 산업에 돈을 쓰고 있다.

그러나 인간은 사회적인 동물이며 사람과의 관계에서 기쁨을 느끼고 행복을 찾는 존재이다. 비대면 사회는 편리할지는 모르지만 고립된 개인은 불행하다. 혼자 살며 집에서 혼자 일하고, 배민에 음식을 시켜 먹방 유튜브를 보면서 혼자 밥을 먹고, 결국 고독사하는 것은 머지 않은 디스토피아의 암울한 모습이다.

영국의 경제학자 노리나 허츠는 『고립의 시대』라는 책에서, 21세기 외로움 위기의 이념적 토대가 형성된 것은 자유가 최우선시되는 신자유주의 이념이 득세한 1980년대로 거슬러 올라간다고 하였다. 인간은 근본적으로 이기적인 존재가 아님에도 신자유주의로 비롯된 경제 우선의 생각은 우리가 우리 자신을 협력자가 아닌 경쟁자로, 시민이 아닌 소비자로, 공유하는 사람이 아닌 축적하는 사람으로, 돕는 사람이 아닌 투쟁하는 사람으로 여기게 만들었다고 말하였다.

미혹되지 않는 마음

고독은 사람의 신체를 질병에 취약하게 만들고 정신을 병들게 한다. 특히 비대면 사회의 외로운 사람들은 민주주의의 기반을 무너뜨린다. 민주주의가 대화와 토론과 공동의 경험을 통하여 상대방 입장을 이해하고 충돌하는 욕구들 사이의 균형점을 찾아가는 과정이라고 한다면, 고립된 인간들이 이에 적합하지 않다는 것은 명백하다. 정치학자 한나 아렌트는 나치즘의 등장을 분석하면서 전체주의는 외로움을 기반으로 삼는다고 하였다. 나치즘을 추종하는 사람들의 특성은 고립과 정상적 사회관계의 결여라는 것인데, 이는 현재 세계적으로 선동적인 극우 포퓰리스트들이 득세하는 현상이 비대면 사회로 생긴 고립된 외로운 사람들과 무관하지 않다는 것이다. 사회와의 관계에서 자신의 자리를 찾을 수 없을 때 사람들은 이데올로기에 개인적 자아를 투항함으로써 존재의 미를 찾고자 한다.

그래서 나는 오늘도 지인들과 동네 주점에서 마시고, 가족들과 동네 식당에서 외식을 하며, 가게에서 직접 물건을 고르고, 모여서 운동을 한다. 씻고 챙겨 입고 나가는 일이 귀찮기도 하지만, 사람들과 만나 나누는 인사가 나와 마을을 살리고 나라의 민주주의를 지키는 길이라고 믿기 때문이다.

동물을 먹는다는 것

몰던 승용차를 없애고 대중교통을 이용한 지가 2년이 훌쩍 넘었다. 환갑을 넘기면서 세상에 무슨 큰 공헌을 하겠다는 욕심보다는 해악을 덜 끼쳐야겠다는 생각이 들어서였다. 대중교통을 이용하고 많이 걷는 것이 경제적으로도 이득일 뿐 아니라 출퇴근만으로도 5천 보를 훨씬 넘으니 건강에도 좋다. 이런 결심을 하게 된 가장 큰 이유는 심각한 기후위기 문제에 내가 할 수 있는 최소한의 것이라도 해야겠다는 마음이었다. 당장 우리 세대에 큰일이야 나지 않겠지만 자식 세대와 그다음 세대의 생존을 생각하면 뭐라도 해야겠다는 다급함이 있었다.

기후위기에 대응한 또 하나의 결심은 축산 육류를 덜 먹겠다는 것이다. 미국의 소설가 조너선 사프란 포어가 쓴 『동물을 먹는다는 것에 대하여〔Eating Animals〕』라는 책을 읽은 것

129
미혹되지 않는 마음

이 계기가 되었다. 이 책에서 저자는 고기를 최대한 값싸게 공급하기 위해 고안된 오늘날의 공장식 축산이 동물을 잔인하게 학대하고, 환경파괴를 불러오고, 우리 건강을 위협하고 있다는 점을 설득력 있게 적고 있다.

우리가 먹는 축산물의 99% 이상을 공급한다는 이 공장식 축산이 얼마나 비윤리적이고 잔혹한지에 대하여 하나의 예를 들어 보자. 식용 닭을 인간으로 비유하자면, 80세가 평균 수명인 인간을 10살에 103kg으로 만들어〔유전자 조작으로 뼈는 약하고 살은 많게〕 도축하는 셈이다. 치킨을 즐기고 고기를 구워먹으면서 육질이 부드럽지 않다고 불평하는 사람들이 반려동물을 마치 가족처럼 사랑하고 길고양이를 학대한다고 분노하는 것은 그냥 위선에 불과하다. 눈에 보이는 작은 불의에는 분노하면서 보이지 않는 곳에서 대량으로 벌어지는 잔혹한 사육과 도축에 관하여는 눈과 귀를 닫고 그 결과물을 즐기는 꼴이다. 이런 일을 정당화하는 논리는 생명윤리 철학자 피터 싱어가 말한 '종種차별주의'에서 나온다. 동물에 서열을 매기고 가장 높은 곳에 자리한 인간의 이익이 다른 동물의 이익보다 우선하며, 다른 동물은 인간의 만족을 위하여 존재하고 있다는 그릇된 생각이다.

기후위기의 원인이 되는 온실가스의 상당 부분은 대량 축산에서 발생하는 메탄과 이산화질소가 차지하고 있다. 반추동물의 트림이나 방귀에서 발생하는 메탄과 가축의 분뇨에

안타깝지만 원고가 졌습니다

서 발생하는 이산화질소는 화석연료에서 발생하는 이산화탄소보다 더 기후위기에 해롭다고 한다. 그럼에도 육류 소비는 늘고 있고 지난해에는 가축에서 발생하는 온실가스의 양이 오히려 늘었다고 한다. 지금 교차 교배 등을 통하여 가스를 덜 배출하는 소의 품종을 개발하기 위한 연구를 하고 있다지만 이것도 또 하나의 동물학대에 불과할 것이다.

차를 몰지 않고 육류 섭취를 줄이는 행동이 처음에는 불편하고 힘들었지만 적응이 되고 습관이 되니 오히려 좋은 점이 많아졌다. 걸어 다니면 늘 다니면서도 보지 못하던 곳을 보게 되고 만나지 못했던 사람과 뜻밖에 부딪히게 된다. 고기도 오래 먹지 않으니 몸이 요구하지 않게 된다. 고통받다 죽은 동물의 시체를 적게 섭취하니 몸과 마음이 편안해진 느낌이다. 이제는 정육점에 걸린 붉은 살코기를 보면 불쾌한 마음이 들고 SNS에서도 붉은 살점을 뜯어먹는 것을 자랑처럼 자주 게시하는 사람들을 꺼리게 되었다.

기후위기에 대한 관심은 높아졌지만 온실가스의 상당 부분을 차지하는 축산 육류에 관하여는 별 말이 없다. 인류가 발전한 것은 아직 세상에 없는 후세들을 위하여 자신의 욕망을 스스로 줄일 줄 알았기 때문이리라.

좋은 목적은 나쁜 수단을 정당하게 만들까?

테러리스트들이 대도시 속 사람들이 많이 다니는 어떠한 곳에 시한폭탄을 설치하였다고 가정해 보자. 예정된 폭발 시간이 되기 겨우 몇 시간 전에 그 일당 중 한 명이 붙잡혔다고 하자. 붙잡힌 테러리스트는 계속된 심문에도 폭탄이 설치된 장소를 말하지 않는다고 할 때, 경찰은 이 사람을 고문하여 그 장소를 밝혀내 많은 인명을 구하는 것이 허용될까?

물론 이는 헌법에서 엄격하게 고문을 금지하고 있는 현대 국가에서 법적으로 가능한 질문은 아니다. 그러나 헌법상의 원칙을 지킴으로 인하여 정보를 얻지 못하고 결국 수백 명의 생명이 희생되었다면 경찰은 그 비난을 면할 수 있을까?

한 범죄자의 신체 자유를 일시적으로 침해하는 작은 불법으로 큰 희생을 막을 수 있다면 오히려 칭찬받아야 할 일임에도 왜 이를 못 하게 막는 것일까. 가치의 충돌이 발생하는 이러한 경우는 법치와 인권을 절대시하는 현대 국가의 딜레마를 드러내는 좋은 예이기도 하다.

우리 영화에서도 경찰이 범인을 체포할 때 변호사 선임권이나 진술거부권을 또박또박 말해주는 장면을 볼 수 있는데, 이를 미란다 원칙이라고 부른다는 것은 널리 알려져 있다. 이 미란다Miranda라는 상큼한 이름은 세계 인권의 역사에 길이 남았지만, 사실 이 젊은 남자는 무고한 희생자가 아니라 사악한 성폭행범이었다. 1966년 미국 연방대법원에서는 유죄판결을 뒤집어 미란다에게 무죄판결을 선고하였는데, 이는 경찰이 미란다에게 신문에 앞서 묵비권과 변호사 선임권을 알려주지 않았다는 절차상의 이유에서였다.

진범이냐의 여부만 따지는 것이 아니라 수사 과정에서 수사기관이 '깨끗한 손[clean hands]'을 가져야 한다는 이러한 판결들은 불법적인 수사관행을 개선시켜 무고한 시민들의 인권을 보장하였지만, 그 반면에 진정한 범죄자들을 놓치는 결과를 낳기도 하였다. 이러한 변화는 범죄자가 처벌받지 못할 위험성보다는 무고한 시민이 부당한 수사로 신체의 자유를 침해받고 처벌받을 가능성을 낮추는 것이 훨씬 중요하다는 생각에서 비롯된 것이었다.

성접대와 뇌물 혐의를 받던 김학의 전 법무부 차관이 몰래 출국하려는 것을 불법적인 방법을 동원하여 막은 관리들이 수사를 받고 처벌을 받을 예정이다. 김학의에 대한 수사에는 소극적이고 미온적이던 검찰이 외국으로의 도피를 막은 관리들에 대해서는 득달같이 달려들어, 출입국 본부장에 대하여선 구속영장까지 청구하는 것은 참 주객전도에다 균형을 잃어도 한참 잃은 수사로 비난을 받아 마땅하다. 그렇다고 하여도 서류를 조작하는 등의 불법으로 출국을 막은 것에 관하여 이를 정당화할 수는 없을 것이다. 영장실질심사에서 출입국관리 본부장은, "국경관리를 책임지고 있는 출입국 본부장인 제가 아무 조처를 하지 않고 방치해(김학의가) 해외로 도피하게끔 두어야 옳은 것인지 국민 여러분께 묻고 싶다."고 하였다고 한다.

어영부영하다가 공소시효를 넘겨버린 한명숙 전 총리에 대한 모해위증 교사 사건에서(검찰의 선택적 정의는 놀랄 만하다!), 돈을 주었다고 말한 한만호라는 사람이 법정에서 갑자기 진술을 바꾸자 당황한 검찰은 한만호의 동료 재소자들을 불러 한만호가 '법정서 거짓말하였다'고 하는 말을 감방에서 하였다는 증언을 하게 한다. 아마 그때 그 검사들도 그런 정의감(돈을 받은 것이 확실한 한명숙이 무죄가 되는 것을 보고만 있어서야 되겠는가!)을 가졌을 것이다.

그러나 내 생각으로는, 김학의가 외국으로 도망하는 한이 있더라도 불법적인 방법으로 막지 않는 것이 옳았고, 돈을 받아 정치자금법을 위반하였음이 확실한 한명숙이(나는 진실을 전혀 알지 못한다) 무죄판결을 받더라도 검사가 재소자를 불러

안타깝지만 원고가 졌습니다

증언을 연습시키는 짓은 하지 않는 것이 옳았다.

미란다는 무죄 석방된 이후에 결정적인 증거가 나타나 다시 재판을 받고 10년 형을 살았다. 석방 이후에는 '내가 그 유명한 미란다입니다' 라는 미란다 카드를 만들어 구걸하며 살다가 30대의 젊은 나이에 시비 끝에 칼에 찔려 죽었다고 한다.

아무리 의도가 훌륭하다고 하더라도 이를 이루는 수단이 정당하지 못하다면 그 과정에서 모든 것을 잃게 된다. 경우에 따라 정의는 늦게 오기도 하고 다른 길로 돌아오기도 하고 더러는 아예 안 오기도 한다. 옳지 않은 결과가 생긴다고 하더라도 마땅한 수단이 없을 때에는 이를 수용하고 견디며 기다리는 것이 우리 사회의 더 큰 가치를 지키는 길이고 헌법을 통하여 맺은 약속이 아닐까.

미혹되지 않는 마음

왜 똑똑한 사람들이 이상한 것을 믿을까?

주말 저녁에 테니스를 마치고 친구와 집 근처의 주점에서 막걸리를 마셨다. 옆 테이블에 중년의 세 남자 손님들이 술을 마시면서 이야기를 나누고 있었다. 주로 현 정부에 대한 근거 없는 비판에 의기투합하다가, 급기야는 매일 발표되는 코로나 환자의 숫자를 정부에서 그때그때의 정치적 목적으로 조작하고 있다는 데까지 이르렀다.

우리 지역의 술집에서 중년들이 나누는 대화에는 늘 익숙하지만, 다들 외양으로 보아 학식이나 교양이 있어 보이는 사람들이어서 그 터무니없는 사실에 대한 격한 공감에는 의외라는 생각이 들었다. 매일 아침마다 전날에 확진된 환자들의 수가 집계되어 발표되고 그 추세에 따라 국민들의 일상생활에 대한 제한의 수위가 정해지고 있다. 지역에서 발생한 확진자의 수뿐만이 아니라 발생한 동네와 확진자의 동선까지 다 공개되어 시민들의 휴대폰으로 전송되고 있는 상황인데 어떻게 이를 장기간에 걸쳐 조작할 수 있을까? 약간의 생각만 거치더라도 그 불가능함을 알 수 있음에도 멀쩡한 사람들이 다른 손님들이 들으라는 듯이 큰소리로 떠들고 술잔을 부딪는다.

미국의 과학저술가인 마이클 슈머가 쓴 『스켑틱, 회의주의자의 사고법』이란 책에는, 과학 지식이 많은 우수한 학생들이라고 하여 그렇지 않은 학생들에 비하여 유사과학이나 초자연적 사실을 덜 믿는 것이 아니라는 의외의 조사결과가 나온다. 똑똑한 사람들이 어떠한 주장의 진위를 받아들일 것인가를 판단하는 데에 자신의 똑똑함을 사용하는 것이 아니라, 일단 받아들인 주장을 방어하는 데 그 똑똑함을 사용한다는 것이다.

우리가 어떠한 새로운 사실이나 주장을 접하였을 때 이를 객관적으로 분석하고 논리적으로 장단점을 파악하여 이를 진실로 받아들일 것인가를 결정하는 것처럼 보이지만, 사실은 자신이 타고난 유전적 요인이나 살아오면서 받은 여러 가지 영향과 개인적 경험에서 형성된 편견으로 걸러진 사실을 받아들인다고 한다. 이것을 확증편향이라고 부르는데, 막걸리집의 세 남자들이 현 정부가 코로나 확진자의 수를 조작하여 발표한다는 사실을 진실이라고 믿는 것은 그것이 객관적으로 타당해서라기보다는 자신들이 이미 가지고 있는 정치적 성향이라는 편견에 맞아들었기 때문이라는 것이다.

근대를 연 철학자 프란시스 베이컨은 이미 이러한 인간의 인식에 관하여, "인간의 마음은, 사물의 모습을 있는 그대로 비추는 투명하고 평평한 렌즈와는 거리가 멀다. 오히려 그 모습이 제대로 전달되지 않는, 온갖 미신과 사기로 가득 찬 마법의 렌즈와 비슷하다."라고 말하였다.

이러한 확증편향의 성향이 엄청나게 발전한 과학의 혜택을 입고 훨씬 더 많은 교육을 받은 현대인들에게 더 극심한 형태로 나타나는 것은 참 아이러니하기도 하지만, 균형 잡힌 합리적인 사고를 하는 시민들을 존립근거로 삼는 민주주의에도 해롭다는 것은 최근 국내외의 사태를 보더라도 알 수 있다.

대중매체와 인터넷 등의 발달로 현대인은 수많은 정보의 홍수 속에 헤매고 있으며, 가장 뛰어난 사람들조차도 가짜 뉴스에 속아 잘못된 판단을 하는 것을 본다. 과거와 같이 책임 있는 언론매체에 의해 걸러지는 뉴스가 아니라 개인이 생산하는 뉴스들이 인터넷상의 사회관계망을 통하여 무한히 확산되고, 페이스북과 같은 거대 기업들은 이익증대를 위하여 뉴스의 진실성과는 관계없이 조회 수가 많은 선정적인 뉴스를 더 많이 노출시킨다.

이러한 환경은 점점 더 사람들의 생각하는 능력을 떨어뜨리고 쉬운 대답(easy answer)을 제공하는 가짜 정보에 현혹되게

안타깝지만 원고가 졌습니다

한다. 책이나 긴 분석 기사를 읽는 시대에서 짧고 자극적인 문장으로 제공되는 트위터나 페이스북을 거쳐 이제 젊은 세대들은 아예 텍스트가 없는 인스타그램이나 틱톡이 제공하는 시각적 이미지로 정보를 접하고 있다.

마이클 슈머는 현대인들이 확증편향에서 벗어나기 위해서 제시된 어떤 정보나 주장을 쉽게 받아들이지 않는 '회의주의자(Skeptics)'가 될 것을 요구한다. 회의주의자라고 하여 모든 새로운 것에 관하여 마음을 닫는 것이 아니라, 기존의 것을 지키는 것과 새로운 것을 받아들이는 것 사이에서 마음의 균형을 잃지 않는 열린 마음을 가진 회의주의자가 되는 것이다. 말은 쉽지만 실천은 참 어렵다.

미혹되지 않는 마음

4

내 마음속의 파시즘

내 마음속의 파시즘

아들이 어릴 적에는 가끔 아들을 때리는 꿈을 꾸곤 하였다. 얄미운 놈을 향해 주먹을 날려보지만 꿈속에서 주먹은 늘 허공을 맴돌았고 유효타를 날리지 못해 안타까워하다가 깨어나면 그 뒷맛이 영 개운치 않았다. 꿈은 잠재된 소망이 나타나는 것이라는 프로이트식 해석에 따르면 나는 아들을 무척이나 때리고 싶었나 보다. 비슷한 연배의 사람들이 모인 자리에서 이 이야기를 꺼냈더니 같은 경험을 하였다는 사람들이 뜻밖에도 많았다.

애를 키우면서 되도록 매를 들지 않으려고 노력했지만 몇 번 혼을 낸 적이 있다. 그때는 교육적이라고 생각했지만 냉정하게 돌이켜 보면 사실 그것도 그러지 않는 편이 옳았다. 우리 세대가 왜 그렇게 폭력에 대한 욕구에 시달리는 것인가를 생각해 보면 아무래도 폭력을 주요한 통치수단으로 삼은

안타깝지만 원고가 졌습니다

권위주의적인 군사정부 아래에서 성장하였기 때문일 것이다.

온화한 부모를 만나는 당시로서는 그리 흔치 않은 행운을 누려 유년 시절에 집에서 맞은 적은 없었지만, 학교에 들어간 이후부터는 항상 아무런 의미 없는 폭력에 둘러싸여 있었다. 친구나 선배의 폭력도 많았지만 무지막지한 폭력을 휘두르는 교사들은 왜 그렇게 많았는지 모르겠다. 여러 교사로부터 숱하게 맞았지만 바르게 성장하는 데 도움이 된 경우는 없었다. 잘못했기 때문에 맞는 것이 아니라 맞으므로 잘못한 것이었다.

대학에서도 상황은 마찬가지였다. 물론 노골적인 폭력은 줄었지만, 생각과 말과 행동이 허용된 좁은 범위를 넘는 경우에는 모처某處에 끌려가 죽도록 맞는다는 공포가 늘 짓누르고 있었다. 사상이나 언론의 자유 따위는 헌법에서나 볼 수 있는 말이었다. 군대는 말할 나위도 없고 사회에서도 이러한 분위기가 지배하고 있었다. 권위에 의한 폭력은 전체 사회를 유지하기 위하여 불가피한 것이므로 개인이 참고 견뎌야 한다는 파시즘적인 사고방식이 팽배한 시대였다.

이러한 일상화된 위로부터의 폭력은 올바른 사고와 판단에 근거한 비판의식을 마비시키는 효과를 가져왔고, 이는 우리의 분노를 항상 아래로 향하도록 만들었다. 부정한 권력에 대한 굴종이 보다 약한 자들의 사소한 잘못에 대한 과도한 분노로 표출되었던 것이다. 시인 김수영이 노래하였듯이 '저 왕궁 대신에 왕궁의 음탕 대신에/ 오십 원짜리 갈비가 기름덩어리만 나왔다고 옹졸하게 분개하고', '한번 정정당당하게/ 붙잡혀간 소설가를 위하여/ 언론의 자유를 요구하고 월남파병에 반대하는/ 자유를 이행하지 못하고/ 이십 원을 받으러 세 번씩 네 번씩/ 찾아오는 야경꾼들만 증오하고 있는' 꼴이 된 것이다.

우리 사회가 민주화를 이룬 지 20년이 훨씬 넘었지만 아직도 과거 권위주의 시절의 사고방식에 젖어있는 사람들을 많이 본다. 권력의 의지에 따라 일사불란하게 움직이는 사회를 그리워하고, 이와 다른 생각과 행동은 모두 불온한 것으로 제거되어야 할 대상으로 여긴다. 우리는 세상이 다양한 의견을 가진 사람들에 의해 이루어져 있으며 이러한 생각이 서로 존중받으면서 대화와 설득을 통하여 합의점을 찾아가는 과정의 아름다움을 전혀 배우지 못한 것이다.

우리 사회의 진정한 민주주의는 군사정권 아래서 배우고 인격을 형성한 우리 세대가 모두 물러나고 난 이후에야 가능한 것이 아닐까 하는 절망적인 생각도 든다. 배은망덕한 일이라며 펄쩍 뛸 사람들이 많겠지만, 꼭 50년 전 오늘 새벽 일단의 야심찬 군인들이 탱크를 앞세워 국민이 선출한 정부를 뒤엎는 구국의 결단 따위는 하지 않았더라면, 나와 우리 세대가 비록 고기 반찬을 못 먹고 자랐을지는 몰라도 좀 더 바르고 당당한 사람이 되었을 것이라는 생각은 철이 들고부터 지금까지 변함이 없다.*

가장 잔인한 달

영국의 시인 T. S. 엘리엇이 「황무지」에서 4월을 '가장 잔인한 달'이라고 표현한 것은, 정신적인 황무지에서 무의식 상태로 만족하며 살아가고 있는 현대인들에게 '죽은 땅에서 라일락을 키워내듯이' 만물을 일깨워 정신적인 각성을 요구하는 4월이 잔인하게 느껴진다는 뜻이라고 한다. 가사假死 상태에서 행복한 현대인들에게는 '잘 잊게 해주는 눈으로 대지를 덮고, 마른 구근球根으로 약간의 생명을 대어주는' 겨울이 오히려 따뜻하게 느껴지는 것이다.

어김없이 4월은 돌아오고 덧없는 봄꽃들은 지천으로 피었지만 평안하지 못한 세상을 보면 마음이 어두워진다. 구구한 억측 속에 바다 밑에 숨어있다 떠오른 천안함은 침몰의 원인을 떠나서 우리가 늘 잊고 살아가려 하지만 대면하지 않을 수 없는 잔인한 현실을 각성시켜 주었다. 그것은 지금 우리가 누리고 있는 평화가 잠정적이고 연약한 상태에 있으며, 이를 지키기 위하여 많은 사람들이 노력과 희생을 바치고 있다는 사실이다. 항구적인 평화는 우리의 이상 속에서만 존재하는 것인지도 모르겠다.

4월 혁명이 일어난 지 60년이 지났다. 그때도 꽃다운 젊은 이들의 희생이 있었다. 4월 혁명의 선구가 된 2·28 학생운동이 우리 대구에서 일어났다는 사실은 참 자랑스러운 일이다. 그 당시만 하더라도 대구는 불의와 타협하지 않는 야당의 도시로 이름이 높았다. 또한 전쟁 직후의 극우 보수주의가 지배하던 시기에서 매우 '진보적인' 고장이기도 하였다고 한다. 전국 혁신계 의원의 25%가 대구에서 나왔으며, 1956년 대통령 선거에서는 대구에서 진보당의 조봉암 후보가 이승만 당시 대통령보다 3배에 가까운 표를 얻어 개표 과정을 지켜보던 지방경찰청장이 공포에 질려 졸도까지 했다고 한다.

이런 일들이 까마득하게 느껴지는 것은 지금 우리 지역 현실이 당시의 일들과 대비되어 너무 암담하게만 생각되기 때문이다. 시민들의 생각이 한쪽 방향으로만 치우쳐 꼼짝하지 않는 것이 벌써 오래된 일이다. 그러다 보니 의견의 다양성이 없어 토론도 없고 승복도 없다. 그저 무비판적인 찬사와 일방적인 매도, 단선율의 합창이 있을 뿐이다. 다들 비슷한 생각인 사람들로 둘러싸여 있으니 그 생각의 옳고 그름을 따질 기회도 없다.

보수가 옳으냐, 진보가 옳으냐의 문제가 아니다. '새는 좌우의 날개로 난다'라는 말이 있듯이 다양한 생각들이 자유롭고 평등한 토론을 통하여 당시의 상황에 따라 선택을 받을 수 있을 때 진정한 민주주의가 실현되는 것이다. 민주주의를 '가장 어려운 국가형태'라고 부르는 것은 민주주의가 하나의 제도에 불과한 것이 아니라, 다양한 의견을 가지고 반대 의견에 승복할 줄 아는 다수의 국민을 전제로 하고 있기 때문이다. 특정 당의 공천절차에서 사실상 당선자가 결정되고 시민의 투표는 형식적인 절차로 전락하고 만 현실에서 선거가 어떠한 의미를 가지기는 힘들다. 60여 년 전 4월 많은 사람들의 고귀한 희생으로 얻은 권리를 스스로 포기하는 꼴이 되고 말았으니 부끄러운 일이다.

우리 자신들은 잘 느끼지 못하지만 이러한 형편이 외지인들의 눈에는 어색하고 답답하게 비쳐질 것이다. 소설가 양귀자는 「천마총 가는 길」이란 단편에서 서울에서 경주로 가는 길에 들른 대구에 대하여 '이 도시가 안겨주는 위압감과 산만함, 그리고 알 수 없는 거부감'에서 얼른 벗어나고 싶다고 표현했다. 우리 지역이 점점 쇠락하여 가는 원인을 여러 군데서 찾고 있지만, 개개인의 개성이나 사고의 유연함을 용납하지 않는 이러한 분위기가 빠르게 변화하는 세상에 적응하는 능력을 앗아 가 버린 것이 아닐까 하는 생각이 든다. 만물이 소생하는 계절에 자신이 가지고 있는 생각들의 근거를 한

번 돌아보고 무엇이 바람직한 사회의 모습이며, 무엇이 정의로운 것인가를 편견 없이 생각하는 고통스러운 각성의 시간을 가져보자.

위기에 빠진 민주주의

1990년대에 들어 독일이 다시 통일되고 소연방이 붕괴되었을 때만 하여도 세계의 자유민주주의화는 종국적으로 거스를 수 없는 대세로 생각되었다. 미국의 학자 프랜시스 후쿠야마가 『역사의 종언〔The End of History〕』이란 유명한 책에서 민주정치체제가 역사의 최종적인 정체이며 이제 민주주의에 도전하는 새로운 '역사적 사건'은 더 이상 발생하지 않는다는 선언을 하였던 것이 이맘때이다.

이렇게 낙관적으로 보였던 민주주의가 지금 쇠퇴의 징후를 보이고 있으며, 새로운 권위주의 체제가 곳곳에서 민주주의를 위협하고 있다. 러시아와 중국은 사실상 임기의 제한이 없는 1인 지배체제가 되었으며, 미국과 일본, 최근 영국도 극우 성향 정치인의 집권으로 민주주의의 기본요소들이 위협받고 있는 형편이다. 종래 민주주의 국가로 분류되었던 터

안타깝지만 원고가 졌습니다

키, 필리핀 등 제3세계의 여러 나라에서 속속 민주주의가 요구하는 절차적 번거로움을 무시하려는 권위적인 정부가 들어서고 있다. 프리덤 하우스의 발표에 따르면, 공개된 정치적 경쟁으로 인한 집권세력 교체 가능성의 존재, 기본적 인권의 보장, 언론의 자유와 독립된 사법부 등 민주주의의 기본 요소를 갖춘 나라에서 사는 인구의 비율이 2006년에는 46%였는 데 반하여, 2018년에는 39%로 떨어졌다고 한다.

후기 자유주의 사회에서 이렇게 민주주의가 쇠퇴하고 있는 이유로는 대량 이주, 국제적인 테러리즘, 세계 경제의 급격한 변동 등을 든다. 급격하게 변하고 있는 상황은 빠른 해결책을 요구하고 있고 민주주의는 이에 대응하기에는 너무 느리다는 것이다.

그러나 이러한 국제정세의 변화보다 더 중요한 것은 민주주의 사회가 그 성립의 전제로 하고 있는 민주적 인간형의 쇠퇴이다. 미국의 정치학자인 로버트 달은 저서 『민주주의와 그 비판자들』에서 민주주의는 그 구성원인 시민들의 지적, 도덕적 능력을 고양시킨다고 하였는데, 이를 뒤집어 말하면 민주주의가 발전하기 위하여는 토론을 통하여 합리적 해결을 도출하려는 의지를 가지고 지성과 도덕성의 발전을 추구하는 다수의 국민을 필요로 하는 것이다.

현대 사회의 복잡화와 어떤 사안에 걸린 이해관계의 복잡성으로 인하여 민주주의적 의사결정에 참여하는 시민들이 합리적인 의견을 제시하기 위하여는 상당한 노력과 고민을 요한다. 그러나 지금의 사회에서는 젊은 세대의 정치적 무관심과 공동체의 파괴로 인하여 개인의 고립화 경향이 심해지고 유익한 정치 토론을 이루기에 충분한 공통 원칙이 없어 토론에 의한 의미 있는 결론 도출이 어렵다.

이러한 정치적 토론이 불가능한 상황은 공화당과 민주당 지지자들로 양분된 미국도 마찬가지여서 로널드 드워킨 교수는 최근 저서 『민주주의는 가능한가-새로운 정치 논쟁을 위한 원칙들』의 첫머리에서 이렇게 한탄하였다.

> "미국 정치는 끔찍한 상태다. 거의 모든 것에 대해 극렬하게 의견이 갈린다. 테러와 안보, 사회정의, 정치와 종교, 어떤 사람에게 판사 자격이 있는가, 민주주의는 무엇인가. 그냥 의견 충돌 정도가 아니라 양쪽이 상대를 전혀 존중하지 않는다. … 미국 정치는 전쟁의 양상에 가깝다."

이러한 상황은 우리나라에서는 더 증폭된 형태로 나타나 다른 의견 사이에 이성적이고 합리적인 토론이 불가능한 지는 오래되었다. 뉴스나 타인의 의견을 수렴하여 자신의 의견을 형성하는 것이 아니라 이미 형성된 자신의 의견을 강화하는 뉴스나 동조 의견만 찾아 읽는 '확증편향'이 만연하고, 인터넷과 유튜브 등 1인 언론[one man publishers]이 쏟아내는 많은 정보들에서 진실과 거짓을 구분하는 것은 진지하고 똑똑한 사람들에게조차 힘든 일이 되었다. 무엇보다 깊은 생각을 기피하는 성향으로 어떤 사안이 국민적인 관심으로 등장했을 때 그 문제가 복잡할수록 사람들은 '쉬운 대답〔easy answer〕'을 선호하는 경향이 심해지고, 쉬운 대답일수록 거짓일 가능성이 더 높다.

민주주의는 정치체제로서 완전한 것이 아니며 민주사회라고 해서 유토피아인 것은 아니다. 권리와 의무의 강제적인 배분을 정하는 정치체제는 필요악이다. 처칠이 말하였듯이 민주주의는 가장 나쁜 정부형태이다. 단, 다른 모든 정부형태를 제외하고는. 민주주의는 남용과 조작과 결정 지체에 취약한 체제이다.

민주주의는 완성된 형태가 아니라 같이 만들어가는 과정이다. 그 모든 결점과 실패에도 불구하고 민주주의를 보전해야 하는 이유는 이 체제만이 개개인 인간성의 가장 폭넓은 실현을 보장하기 때문이다. 우리의 민주주의가 지금 위기에 있다면, 그것은 우리 개개인이 좀 더 좋은 인간이 되지 못했기 때문일 따름이다.

탈레반의 복귀를 어떻게 볼까

아프가니스탄 출신의 미국 작가 할레드 호세이니는 소련이 아프가니스탄을 침공한 이후에 외교관인 아버지를 따라 미국으로 망명했다. 그 후 그는 아프가니스탄의 비극적인 현대사를 배경으로 한 소설들을 발표하며 세계적인 베스트셀러 작가가 되었다.

특히 그가 2007년 발표한 장편소설 『천 개의 찬란한 태양』은 전쟁으로 인해 가정이 몰락하고, 한 폭력적인 남자의 부인이 된 두 여자 사이의 우정과 희생을 감동적으로 그렸다. 이 두 여인의 고통은 오히려 소련이 물러나고 친소정권이 몰락한 후 무자히딘 사이에 파벌 싸움이 일어난 1992년부터 시작되었다. 평온하던 카불 시내에 포탄이 날아다니고 거리에 시신이 즐비한 상황이 되자 10대 소녀였던 한 여주인공의 가족들은 파키스탄으로 피난하기로 하였다. 하지만 떠나는 날 어디서 날아온 포탄에 부모들은 즉사하고 이 소녀는 살아남기 위하여 이웃 60대 노인의 두 번째 부인이 될 수밖에 없었다.

몇 년 간의 치열한 싸움이 탈레반의 등장으로 끝나게 되는데, 찾아온 것은 진정한 평화가 아니라 무덤 속 같은 정적이었다. 탈레반은 음악과 춤을 금지시키고, 여성들은 학교를 다닐 수도 일을 할 수도 없게 하였다. 여자들은 온몸을 덮은 부르카를 입어야만 했고 그러고도 남자가 동반하지 않으면 밖으로 나갈 수 없었다. 대학은 문을 닫았고 박물관이 파괴되고 책들은 불태워졌다. 전 세계의 간청에도 불구하고 선조들이 세운 위대한 인류유산인 바미안 석불을 폭파하였다.

소설의 후반부에서 첫 부인은 남편을 살해한 죄로 축구 경기장에서 군중의 환호 아래 처형되고, 둘째 부인은 자녀들과 파키스탄으로 탈출하여 첫사랑과 함께 비교적 안온한 생활을 누리게 된다. 미국이 9.11 테러 이후 아프가니스탄을 침공하여 탈레반을 축출한 이후 이 가족들은 갈등 끝에 다시 옛집을 찾아 카불로 돌아오게 되는데, 그때 여주인공은 다시 탈레반이 돌아오는 일은 없을 것이라고 확신한다.

그러나 그 확신과는 다르게 20년도 못 되어서 미군은 철수하고 탈레반은 돌아왔다. 어떤 사람들에게는 외세로부터의 해방이겠지만 많은 사람들에게는 악몽의 새로운 시작일 수도 있다. 어떤 정치적 사건을 두고 이를 평가하는 데에는

내 마음속의 파시즘

많은 관점이 복합적으로 작용하겠지만 무엇보다 우선되어야 할 것은 그 사건이 얼마나 많은 사람들을 이롭게 만드느냐 하는 것이다. 이때에 그 이로움은 내세를 추구하는 종교적 근본주의의 관점이 아니라 그 사람들이 이 지상에서 얼마나 자유롭게 자신의 개인적 능력을 발현하며 희망을 추구할 수 있는 환경을 보장해 주는가에 있다.

어떤 종교든지 그 경전을 글자 그대로 믿으며 이를 타인에게 강요하는 근본주의(fundamentalism)는 세상에 큰 해악을 끼쳤다. 인간은 근대에 들어오면서 종교의 자유를 쟁취하였으며, 개인의 기본적 인권의 보장과 민주주의가 침해할 수 없는 가장 큰 가치라는 것을 전제로 한 사회를 추구한다. 어떤 독재자라도 외면적으로는 이러한 가치를 추구하고 지키는 것처럼 선전하고 있는 것이 현실이다.

탈레반을 반대하는 것은 이러한 가장 기본적인 인간의 가치를 공개적으로 무시하기 때문이다. 엄격한 이슬람 율법을 강요하며 특히 여성이나 아동과 같은 사회적 약자인 개인의 인권을 철저히 짓밟는 권력은 어떠한 명목으로도 환영받을 수 없으며, 이를 철지난 민족주의 관점에서 보는 것은 결코 합당한 일이 아니다. 따지고 보면 아프가니스탄도 열 개 이상의 종족으로 이루어진 다종족국가이며 탈레반은 다수 종족인 파슈툰족을 기반으로 하고 있어서 한 종족이 다른 종족들을 무력으로 지배하는 것으로도 볼 수 있다.

안타깝지만 원고가 졌습니다

민족이라는 개념은 실재한다기보다는 근대의 필요에 의하여 상상 속에서 만들어진 것이라는 주장도 있다. 나쁜 짓을 하는 사람은 그냥 나쁜 사람이다. 그가 우리 가족이라 하더라도. 좋은 일이라면 남의 힘을 빌려서 해도 좋은 일이다. 당치도 않은 비교일지 모르지만, 북한이 우리나라에 주둔하고 있는 미군을 축출하고 스탈린식 사회주의를 강요한다면 민족자주로 반길 일인가!

이 소설에서 가족들과 함께 고향으로 돌아온 주인공은 탈레반의 복귀로 또 시련에 빠질 것이다. 가장 좋은 일은 아프가니스탄 국민들이 스스로 각성하고 단결하여 탈레반을 몰아내고 새로운 정부를 세우는 것이다. 그러나 그 과정에서 얼마나 많은 사람들이 또 고통을 겪고 사라질 것인지 참 아득하기만 하다.

내 마음속의 파시즘

낙태죄의 딜레마

　우리 헌법재판소는 2019년 4월에 현행 형법에 규정되어 있는 낙태죄에 관하여 한정위헌판결을 내리고 2020년 말까지 처벌조항을 개정하라고 판결하였고, 이에 따라 정부는 형법 개정안을 마련하였다. 이 개정안은 임신 14주 이내에는 자유로운 낙태를 허용하고 있으면서도 그 이후 24주까지는 일정한 사유가 있는 경우에 한하여 낙태를 제한하고 있다.

　이런 절충적인 입장의 개정안은 낙태에 관하여 찬반 양쪽의 입장에 서있는 사람들로부터 심한 공격을 받고 있다. 태아의 생명권을 신성시하는 종교단체를 비롯한 일부에서는 낙태의 허용 자체를 반대하는 입장이고, 임신부인 여성의 선택을 존중하는 여성단체 등에서는 낙태의 전면적인 허용을 요구하고 있다. 미국에서의 생명 선호〔Pro-Life〕 주장과 선택 선호〔Pro-Choice〕 논쟁이 재연되는 듯하다.

안타깝지만 원고가 졌습니다

우리가 낙태라는 거북스러운 일에 관하여 느끼는 당혹감은 서로 충돌하는 가치가 얽혀있기 때문이다. 작가 공지영은 어느 책에서 자신의 낙태 경험을 밝히면서 그때 느꼈던 복잡한 감정을 토로하고 있다.

> "나 역시 낙태의 경험이 있고 나 역시 아직 그때 어렸다. 임신 판정을 받고 거리를 배회하면서 흘렸던 눈물을 나는 아직도 기억하고 있다. … 죄의식 없는 낙태를 나는 반대하지만 죄의식 과잉으로 한 인간을 평생 떨게 만드는 일에도 나는 반대한다. 하지만 그 사이에 공간이 있어야 한다. 그리고 그 공간은 여자들의 인권이나 사회 제도적 불평등과 함께 고려되어야 한다."

보호받아야 할 법익들이 서로 배척하는 관계에 있을 때 우리는 딜레마에 빠지게 된다. 먼저 그 이익들의 정당성을 가리고 시대적 가치를 생각해야 한다. 그리고 모든 요소들을 고려하여 그 접점을 정하여야 하는 것이 입법자의 책임이다.

미국에서 낙태를 허용한 기념비적인 판결이면서 지금도 폐기 여부로 신임 대법관 임명 때마다 도마에 오르는 1973년의 Roe vs. Wade 판결* 이래 세계적인 추세는 낙태의 허용 한도를 태아가 모체로부터 분리되어도 독자적으로 생존할 수 있는 시점으로 보고, 그 이후의 낙태를 금지하면서 그 이

---

* 미국 연방대법원은 2022년 6월 24일 Roe vs. Wade 판결을 공식 폐기하고 낙태에 관한 규제를 주 정부의 자율에 맡겼다.

전의 경우에는 단계에 따라 국가의 규제가 개입할 수 있는 정도를 정하고 있다. 미국에서는 임신기간을 3분하여 첫 3분기(12주)의 낙태는 여성의 프라이버시권에 속한다고 보아 완전한 자유로 인정하고 있으며, 둘째 3분기(12주~24주) 중의 낙태에 관하여는 주 정부의 입법에 의한 규제가 가능하다고 본다.

유럽의 경우에도 평균 임신 후 12주 정도의 기간 동안에는 자유로운 낙태를 허용하고 있다. 우리 개정안에서는 임신 14주 이내에는 자유로운 낙태를 허용하고 있으며, 그 후 24주까지에는 일정한 사유가 있는 경우에 허용하고 있지만 사회적, 경제적 사유로 인한 경우도 들고 있어서 사실상 허용의 폭이 넓다.

이러한 개정안에 대하여 여성단체 등에서는 낙태죄의 부활이라는 주장을 내세우며 강하게 반발하면서 완전한 낙태의 자유를 요구하고 있지만, 자신의 몸속에 있는 생명이라 할지라도 성장하면서 인간의 형태를 갖춤에 따라 국가는 그 보호의 책임을 지고 개입의 정도를 높여야 한다는 것은 헌법재판소 판결에서도 설명하고 있는 바다.

어떤 권리도 다른 권리와 충돌할 때에는 절대적인 것이 아니다. 어느 미국 연방대법관이 말한 바와 같이, 내가 주먹을 휘두를 권리는 다른 사람의 얼굴 앞에서 멈추는 것이다. 여성의 신체에 관한 자기결정권도 타인의 생명 앞에서는 적

절히 조정되어야 하며, 이번 개정안은 서로 충돌하는 이익을
선진국의 입법계에 따라 적절히 조정한 것이다.

노인을 위한 나라는 없다

런던정경대학교의 교장인 경제학자 미누체 샤피크는 팬데믹 이후 세상의 변화를 다룬 『서로에게 빚지고 있는 것들〔What We Owe Each Other〕』이란 책을 발간했다. 그녀는 이 책에 관한 인터뷰에서 심각한 세대 간의 불평등 문제를 해결하는 한 방법으로 앞으로 살아가야 할 날이 더 많은 젊은 사람들의 투표 가치를 노인들 것보다 더 높게 평가한다는 급진적인 방안을 제시했다. 각각의 한 표가 다 같은 가치를 가지는 것이 아니라, 노인들에 비해 이 나라에서 더 긴 시간을 살아가야 할 젊은이들의 한 표에 몇 배의 가중치를 준다는 것이다.

현실에서는 실현되기 힘든 과격한 발상이지만 곰곰이 생각해 보면 수긍할 만하기도 하다. 앞으로 일어날 세상의 변화에 관하여 노인들보다 청년들이 더 많은 이해관계와 관심을 가지며 따라서 더 큰 발언권을 가져야 한다는 것은 어찌

안타깝지만 원고가 졌습니다

보면 당연한 일이다. 예를 들면 기후위기에 대한 우려가 높아지고 있지만 이는 지금의 노인들이 이 세상에 존재할 동안에 일어날 당면한 문제는 아니어서 젊은이들만큼 절박하지 않다. 한 시위에서 어린 소녀가 든 피켓의 문구는 이런 세대 간의 갈등을 잘 보여준다.

"당신은 늙어 죽겠지만 나는 기후위기로 죽을 것입니다"

지금의 젊은 세대들은 부모 세대에 비해 더 가난하고 힘든 삶을 살아야 할 역사상 첫 세대라는 말이 있다. 우리 세대는 대부분 가난하게 자랐고 힘들게 공부하였지만 좋은 직장을 구하거나 재산을 일구는 기회가 풍부한 세상에 살았다. 고도성장이 정체되고 고령화 사회가 되면서 젊은 세대는 들인 노력과 비용에 비하여 대가를 얻는 기회가 제한되었으면서도 져야 할 부담은 더 늘게 되었다.

특히 젊은 세대가 기성세대에 대하여 느끼는 분노는 기득권층인 베이비부머 세대들이 고령화되어 생산현장에서 물러나면서도 그 수의 우위로 강한 정치적 영향력을 계속 행사하여 자신들의 이해관계를 정치적 우위에 두는 현상에서 비롯된 것이다. 우리나라에서 18세 이상의 유권자 중 60세 이상의 고령층이 차지하는 비중이 30%에 이르고 앞으로 더 증가할 것이 예상된다는 점에서 이러한 경향은 더 심해질 것이며, 세대 간의 갈등도 더 증폭될 것임은 분명해 보인다.

선거에서 60세 이상의 투표성향은 결과에 큰 영향을 미친

다. 유권자의 비중이 높을 뿐만 아니라 무엇보다 한쪽으로 치우쳐 있어서 더 큰 영향력을 가지고 있다. 이런 치우친 성향이 젊은 세대들의 성향과 대립되고 있다면 더 큰 문제가 아닐 수 없다. 사람이 늙어가면서 세상의 급격한 변화를 바라지 않고 이미 가진 것을 지키려는 보수적인 경향을 띠게 되는 것은 자연스러운 일이다. 하지만 빠르게 변화하는 세상에서 이러한 보수성이 사회의 주류가 된다면 그 사회는 적응력과 역동성이 떨어져 뒤처지고 도태될 것임은 자명하다.

철인 플라톤이 '노인은 다스리고, 젊은이들은 복종한다'라고 하였다지만, 이는 세상의 변화가 느리고 지식의 축적이 빈약해서 연장자의 경험이 중요했던 먼 과거의 일이다. 우리 사회가 노령화의 함정에 빠지지 않으려면 나를 포함한 노인 세대가 아집을 버리고 열린 마음으로 사회의 변화를 따라잡기 위하여 공부하고 깨우쳐야 하며, 또 젊은 세대의 입장에서 자신이 없어진 이후의 먼 미래를 고려하고 양보하는 마음을 가져야 한다. 노인의 생각이 지배하고 노인의 이익이 우선되는 노인을 위한 나라는 미래가 없다.

새파란 거짓말

거짓말에도 색깔이 있다. 뻔히 드러날 터무니없는 거짓말을 새빨간 거짓말이라고 한다. 하얀 거짓말(white lie)은 일상생활에서 듣는 사람을 위하여 악의 없이 인사치레로 하는 거짓말을 뜻한다. 요즘은 파란 거짓말(blue lie)이라는 말도 있는데, 자신이 속한 집단에 이득이 되라고 하는 거짓말을 뜻한다고 한다.

원래는 미국에서 경찰이 동료의 잘못을 덮기 위하여 하는 거짓말에서 유래했다고 하는데, 정치적 양극화가 심해진 현실에서는 자신의 집단을 보호하는 것에서 나아가 상대방 집단을 공격하거나 자신의 집단의 입장을 강화하는 거짓말에까지 의미가 넓어지고 있다. 민주주의 사회에서 정치적 이슈가 제기될 때에는 논쟁으로 관련된 사실을 밝히고 이에 기반하여 결론을 내리거나 타협에 이르는 것을 원칙으로 하고 있지만, 지금의 우리 사회에서는 논쟁은 사라지고 잡담만 남았다는 말을 하고는 한다.

모임에서도 정치 이야기는 금기가 되었고, SNS에서도 같은 입장에 있는 사람들끼리만 모여 떠들다 보니 사실에 대한 확인은 없이 새롭게 제시된 정보가 자신들의 입지에 유리한지만 따지게 되었다. 그러다 보니 조금만 생각해 보아도 금방 거짓임이 드러날 사실들이 집단 내에서 널리 퍼지고 그 과정에서 더욱 과장되기도 한다. 어떤 이는 이러한 현상에 대해 분열된 현대사회에서 사람들은 자신의 믿음을 객관적 평가가 아닌 충성의 서약으로 사용하는 경향이 있다고 표현하였다.

거짓말은 나쁘지만 이러한 탈脫진실 사회에서는 집단의 이익에 부합하는 거짓은 버젓이 용인되고 장려되기도 한다. 거짓을 가려내고 징계하는 역할을 해왔던 공동체가 붕괴되어 개인이 고립되고 무력화되었고, 이는 선동적인 포퓰리스트 정치인에게 좋은 기회를 주고 있는 것이 작금의 세계적인 현상이다. 정치가 경험법칙에 어긋나는 이적異蹟에 대한 확신을 공유하는 종교처럼 되고 있다는 것은 민주주의의 심각한 위기 현상이다.

거짓 이슈들은 등장하자마자 빠르게 유통되었다가 뒤따른 이슈에 묻혀 관심에서 멀어지고 정작 거짓임이 밝혀질 때에는 아무도 관심을 가지지 않는다. 초기에 그 신빙성을 판단하는 것은 오로지 개개인의 지적 능력과 노력에 달린 것인데, 지금의 인터넷 문화에서는 그런 능력이나 노력은 점점 찾기 힘든 일이 되었다. 책을 읽거나 깊은 대화를 하는 일이 드물어지고 모든 정보를 스마트폰을 통하여 얻는 것이 현실이다. 자극적인 이미지나 인상적인 짧은 문장을 통하여 얻는 지식으로 형성된 의견이나 믿음은 복잡다단한 현실에서 객관적인 진실과는 거리가 먼 경우가 많다.

민주주의는 참과 거짓, 선과 악을 준별하려고 노력하는 민주적 소양을 가진 시민을 전제로 한다. 우리가 파당적 입장에 서서 새파란 거짓을 반기고 받아들이는 것은 민주주의를 파괴하는 선동적인 독재자의 등장을 위한 길을 여는 일이다. 냉전시대에 미국의 어떤 대통령은 제3세계의 잔혹한 독재자를 지원하는 것을 참모들이 말리자 이렇게 말했다고 한다. "그는 개새끼이지만, '우리' 개새끼야!" 요즘 진실에 눈귀를 닫고 유불리만 따지는 정치인들은 이렇게 말할 것 같다. "그건 거짓말이지만, '우리' 거짓말이라구!" 이쪽이든 저쪽이든….

뭣이 중헌디?

어느 법정에서 증인으로 나온 전세사기 피해자가 차라리 죽고 싶은 심정이라면서 울먹거리자 판사가 형법 각칙各則을 잘 읽어보라는 말을 하였다고 한다. 형법 각칙에서는 처벌하는 범죄를 열거하고 있다. 우리 형법에서는 피해법익에 따라 국가에 대한 범죄, 사회에 대한 범죄, 개인에 대한 범죄 순으로 나열하고 있는데, 이를 국가우선주의의 발로라고 하여 그 순서를 거꾸로 하여야 한다는 주장도 있다. 그러니까 우리 형법은 나라를 해치는 내란內亂죄로 시작하여 남의 물건을 부수는 손괴죄로 끝이 난다.

가장 조문이 많은 '개인에 대한 범죄'도 그 순서를 보면 살인죄를 필두로 생명이나 신체를 침해하는 범죄를 먼저 나열하고 있고, 명예나 신용을 침해하는 범죄에 이어 재산을 침해하는 범죄로 끝을 맺고 있다. 그 판사가 전 재산을 날리

168

고 살아갈 의지마저 잃은 피해자에게 형법 각칙을 읽어보라고 권한 것은 그 나열한 순서에 따라 생명이 가장 중하고 재산은 그보다 훨씬 못한 가치라는 것을 깨닫기를 바랐기 때문일 것이다. 재산을 잃는 것은 아주 조금 잃는 것이고, 명예를 잃는 것은 많이 잃는 것이고, 건강을 잃는 것은 다 잃는 것이라는 말이 떠오른다. 그러므로 재산을 잃고 경제적으로 궁지에 몰려 스스로 세상을 버리는 것은 작은 손해를 큰 손해로 바꾸는 어리석음이다. 경제가 어려울수록 이혼율과 자살률이 높아지는 것은 우리 사회의 큰 병리현상이다.

요즘의 세상 돌아가는 형편을 보노라면 명예가 재물보다 중하다는 것도 옛말이 되어버린 듯하다. 어떤 수단을 써서라도 타인의 관심을 끄는 것이 곧 수입이 되는 시대에서, 좋은 평판을 들을 뛰어난 능력이 없다면 사회의 지탄을 받을 일을 해서라도 물의를 일으켜 보자는 사람들이 많다. 조회 수와 구독자 수가 곧 돈으로 환산되니 나쁜 평판으로도 돈을 벌 수 있게 되었고, 돈의 출처를 가릴 것 없이 과소비로 과시하는 재력이 신분을 나타내게 되었다.

명예를 가장 소중한 가치로 여겨야 할 정치인들의 행태 또한 가관인 경우가 많다. 총선을 앞두고 공천에 모든 신경이 집중된 탓에 권력자의 입맛에 맞추기 위하여 상궤常軌를 한참 벗어난 말과 행동을 서슴지 않는다. 권력의 입장을 옹호하기 위하여 물고기의 배설물이 섞인 횟집의 더러운 수조

물을 퍼마시는 행동은 자신의 건강까지도 하찮게 여기는 가치의 전도順倒 현상을 보여준다. 양식도 금도도 없는 세상이 되었다.

사람들이 모여 공동체를 이루고 살기 위하여 우선 필요한 것은 가치의 서열序列에 대한 관념을 공유하는 것이다. 어떤 것이 중하고 어떤 것이 가벼운 것인가에 관하여 공감대가 형성되지 않으면 공동체로서의 요소를 갖추었다고 보기는 어렵다. 현대사회에서 공동체가 파괴되고 개인주의가 앞선다는 것은 이런 가치의 우선순위에 관한 공동의식이 부족해져 구성원 개개인의 행동을 예측하거나 통제하기가 어려워졌다는 뜻이기도 하다.

사람이 살아가는 것은 어떤 것을 지키기 위해 어떤 것은 포기해야 하는 무수한 선택의 연속이다. 꼭 지켜야 할 소중한 것과 그렇지 않은 가벼운 것을 가려내는 수많은 선택들에서 드러나는 어떤 일관된 기준이 개인의 인격과 개성을 나타내는 것이다. 그 기준이 우리 사회 공동체가 지향하는 이념에 부합하지 못할 때에는 그 사회와 불화하게 되고 결국에는 해를 끼치게 된다. 영화 〈곡성〉에서 귀신 들린 아이가 내뱉는 말이 떠오른다.

"뭣이 중한디!"

안타깝지만 원고가 졌습니다

아직은 보수와 진보의 싸움이 아니다*

SNS에서 자신의 정치적 성향이 보수인가 진보인가를 테스트하는 설문이 있어 몇 가지 답을 해보니 나의 성향은 중도보수 정도인 것으로 나온다. 시골 출신에다 엄혹한 박정희 시대에 교육을 받고 청소년기를 보낸 사람으로서 진보적인 성향을 가지기는 힘들 것이다. '나라의 발전이 나의 발전의 근본'임을 머리에 각인시키면서 자란 우리 베이비부머 세대들은 아무리 자신의 노력으로 진보적인 사상을 습득하였다 하더라도 이는 하나의 제스처에 그칠 뿐이지, 그 사상이 몸과 마음을 깊은 곳에서부터 지배하기는 어렵다.

박근혜 전 대통령을 싫어하여 촛불시위에 참여하고 탄핵을 촉구하는 성명에 이름을 올린 것을 보고 사람들이 나를

---

* 2020년 4월 15일에 있었던 제21대 국회의원 선거를 앞두고 쓴 글이다.

내 마음속의 파시즘

진보적이라고 평하는 것은 참 아이러니하다. 더불어민주당을 지지하는 사람들을 진보라 부르고 미래통합당을 지지하는 사람들을 보수라 부르는 것도 곰곰이 생각하면 별로 근거가 없어 보인다.

보수와 진보의 경계는 명확하지 않고 시대의 변화에 따라 유동적이다. 19세기에는 진보적이라 여겨졌던 가치가 지금은 보수주의자들이 지키려는 가치가 되었다. 정당정치를 기반으로 하는 현대의 민주주의는 보수와 진보를 각각 표방하는 정당들이 그때그때 상황에 따라 국민의 선택을 받고 권력을 교체하는 것을 이상적인 형태로 생각하여 왔다. 우리가 현재의 여당과 야당의 대립을 보수와 진보의 대결로 생각하는 것은 우리 정치의 낙후된 현실을 무시하고 이를 선진 민주정치의 이상형에 대입시키기 때문인 것으로 생각된다.

우리나라가 민주화된 것은 1990년대 김영삼 대통령 시절부터라고 생각하며 아직 30년이 채 되지 않았다. 우리가 경제적으로나 사회적으로 전 세계가 부러워하는 발전을 이루었음은 이번 코로나19에 대응하는 과정에서도 드러났지만 정당정치는 그러한 발전에 부응하지 못하고 있음은 늘 지적되어 온 일이다.

이는 우리가 보수와 진보의 건전한 대립을 논하기 이전에 아직도 민주주의와 반민주주의의 대립을 극복하지 못하였음을 나타낸다. 지금 보수를 표방한다고 여겨지는 정당의 기

안타깝지만 원고가 졌습니다

원이, 아무리 많은 이합집산과 이름 바꾸기를 거쳤다 하더라도 전두환 정권이 쿠데타 이후에 만든 민주정의당에 있음은 부인할 수 없다. 이 정당은 민주화 이후에도 어찌어찌 살아남아 지금에 이르렀지만, 세상이 변하고 그 구성원이 변했다고 하더라도 그 근본적인 성격은 크게 변하지 않았다고 생각한다.

보수의 큰 자산으로 보통 민족주의와 반공주의 그리고 개인의 자유를 우선하는 태도 등을 들 수 있다. 그런데 우리나라에서 보수라 칭하는 집단은 건국 당시의 태생부터 반민족행위자들을 중심으로 하면서 외세에 의존하는 태도를 지녀 민족주의를 표방할 수조차 없었고, 그러한 약점으로 인하여 더욱 반공주의에 집착하게 되었다. 그러나 소련이 붕괴되고 사상으로서 공산주의의 매력이나 위협이 사라진 지금에는 제대로 된 존재가치를 정립하지 못하고 있다.

선거 때마다 보수와 진보가 대결하는 것처럼 호도하고, 좌파와 우파를 언급하는 것은 아직 이르다. 우리 현실은 아직 실질적인 민주주의도 정립되지 않았으며, 과거의 반민주, 반헌법적인 사고방식을 계승한 사람들이 득세하고 있다. 이런 부당한 현실의 원인에는 권위주의 권력 아래서 교육을 받은 우리 세대의 일사불란한 파시즘 사회에 대한 은밀한 향수가 있을 것이다. 이런 현실을 외면하고 선거를 다른 정책이나 가치관을 가진, 동등한 도덕적 가치를 지닌 두 세력들에 대한 국민의 선택으로 보는 태도는 반역사적인 도덕적 허무주의나 지적인 나태함에 기인한 것이라고 생각한다. 우리 지역의 싹쓸이에 대한 우려를 말할 때, '그럼 전라도의 싹쓸이는?' 라는 황당한 되물음에 대하여는 이러한 옳고 그름에 대한 가치판단이 없으면 답할 방법이 없다.

그러므로 나는 루쉰魯迅이 말한 바와 같이, '아직 페어플레이는 이르다. 물에 빠진 개는 계속 때려야 한다' 라고 말하고 싶다. 그러므로 내가 보수적이면서도 소위 진보정당을 선택하는 것은 우리 현실에서 전혀 모순이 아닌 것이다.

안타깝지만 원고가 졌습니다

정치 없이 살아 보기

사회생활을 하다 보니 여러 카톡방이나 밴드 같은 가상공간에서의 모임에 가입되어 있다. 정치적 입장을 같이하는 모임이 아닌 곳에서는 대부분 선거에 대한 의견을 밝히거나 관련 자료를 올리는 것을 엄하게 금지하고 있다. 쓸데없는 분란을 일으키고 반대 입장의 회원들이 탈퇴하는 사태가 일어나기 때문이다. 사적인 모임에서도 정치 이야기는 하지 말자는 전제를 하고 만나는 경우가 많다. 오랜만에 만나서 괜히 얼굴 붉히는 일을 만들지 말자는 것이다.

나라의 지도자를 뽑는 중요한 정치 일정을 눈앞에 두고서도 이를 대화나 토론의 금기로 삼는 것도 참 아이러니한 일이다. 이는 정치적인 입장의 분열이 심하여 감정적인 대립으로까지 번져 합리적인 토론이 어려운 지경이 된 탓으로 보인다. 자신의 생각을 옹호하는 것보다는 상대방의 생각을

내 마음속의 파시즘

비난하는 데에 몰두하고, 그 비난이 보편성을 얻지 못하는 일방적인 것이어서 늘 대화는 겉돌기 마련이다.

이는 수준이 낮은 정치인들이나 언론의 탓이기도 하겠지만, 믿음직하지 않은 선정적인 뉴스들을 확대재생산하는 유튜버들이나 이런 당파성을 이용하여 이용자들의 중독성을 높이는 SNS의 등장으로 더 심화되었다는 것은 부정할 수 없는 사실이다. 일부 유튜버들에게는 이런 '거짓'들이 수지가 맞는 사업의 재료가 되기도 한다. SNS 참여를 높이기 위하여 개개 이용자들의 정치적 입장에 맞는 소식들을 더 빈번하게 노출시키는 알고리즘을 채택함으로써 분열을 더욱 조장하고, 온건한 입장에 있는 사람들을 점점 더 극단적으로 만든다는 것은 여러 조사에서도 드러난 바 있다.

정치는 과잉인데 토론은 기피한다. 같은 입장에 있는 사람들끼리만 모이다 보니 점점 더 과격해지고 상대방의 생각에 대해서는 더 모르게 된다. 그러다 보니 자신의 입장과 반대되는 입장에 서있는 사람들은 그냥 생각이 다른 것이 아니라, 지성이나 인격에서 덜떨어진 사람일 뿐만 아니라 더 나아가 우리 사회를 망치는 사회의 적敵으로까지 여기게 되었다. 또한 사안에 따라 깊이 생각하고 입장을 정하는 온건한 중도는 그 비율이 더 줄어들었다.

현대의 경쟁사회에서는 친구보다는 이겨야 할 적을 만드는 것을 권하기도 하고 적을 설정하는 것으로 자신의 정체성

안타깝지만 원고가 졌습니다

을 드러내기도 한다. 네 적이 누군가를 말해주면 네가 누구인지 알 수 있다는 것이다. 그러나 어떤 사람이나 집단을 증오하는 것은 그나 그들을 잘 모르기 때문일지도 모른다. 미움은 상상력의 부족에서 나오는 것이라는 말도 있다. 시인 김수영은 「적敵」이란 시에서, "적을 운산運算하고 있으면/ 아무데에도 적은 없고"라고 말하였다. 수학에서 객관적인 규칙에 따라 수를 세듯이 생각해 본다면 적이 있을 수 없는 것이라는 말일 것이다.

"金海東 - 그놈은 항상 약삭빠른 놈이지만
언제나
部下를 사랑했다.

鄭炳一 그놈은 內心과 정반대되는 행동만을 해왔고,
그것은 가족들을 먹어 살리기 위해서였다.

더운 날
敵을 運算하고 있으면
아무 데에도 적은 없고,

(……)
나의 적은 아직도 늘비하지만
어제의 敵은 없고,

내 마음속의 파시즘

민주주의 사회는 정치에 관심을 가지고 의사를 표출하는 건전하고 성숙한 시민들을 전제로 한다. 나치의 등장과 집권으로 독일 문명이 몰락하는 것을 고통스럽게 지켜 본 독일의 작가 토마스 만은 "독일의 불행 가운데 상당수가 교양을 갖춘 인간이 비정치적일 수 있다는 그릇된 관념에서 우러나왔다."고 하였다. 정치에 환멸을 느끼고 관심을 거두는 것은 곧 저열한 인간들이 득세하는 것을 돕는 꼴이 된다는 말이겠다.

이 모든 것에도 불구하고 민주주의의 정신은 상대방에 대한 인정과 관용이다. 전 세계적으로 현대 사회의 추세는 점점 더 민주주의에 적합한 인간형을 만드는 데 실패하고 있는 것처럼 보인다. 민주주의는 어떤 한 개인이 나라의 일에 너무 많은 권한을 행사하지 못하도록 견제와 균형의 장치를 해 놓은 것이다. 나는 국민의 힘으로 현행 헌법을 쟁취한 1987년 이후로 우리 민주주의가 되돌릴 수 없게 발전하였다고 믿는다. 그 믿음으로 나의 정치적 입장이나 선호가 반대되는 사람들에 대한 미움으로까지 번지지 않을 정도에서 멈추기로 했다. 이는 과도한 정치적 열정의 분위기에서 자신을 지키기 위한 것이기도 하다.

오스트리아 철학자 비트겐슈타인이 현대사의 격동에서 정치적 논쟁에 몰두하는 학교 친구들에게 백 년 전에 했다는 말은 마치 오늘의 나에게 일러주는 것 같다.

"그저 너 자신을 개선시켜라. 그것이 이 세상을 더 나은 곳으로 만들기 위해 네가 할 수 있는 전부다."

가짜 뉴스를 허許하라

　미국에서 흑인 인권운동이 시작되던 1960년 3월 〈뉴욕타임스〉에는 운동의 지도자 마틴 루터 킹 목사의 지지자들이 의뢰한 기사형 광고가 크게 실렸다. 그 광고에서는 미국 남부의 경찰들이 불법적으로 시위자들을 학대하고 킹 목사를 날조된 혐의로 일곱 번이나 구금했다는 등의 내용이 실려 있었다. 그런데 위 기사의 상당 부분은 허위나 과장으로 드러났고, 인종차별이 극심했던 앨라배마주의 한 선출직 경찰 감독관인 설리번이 그 기사로 자신의 명예가 훼손되었다며 소송을 제기했다.

　앨라배마주 법원에서는 설리번의 주장을 받아들여 〈뉴욕타임스〉에 50만 달러라는 거액의 손해배상을 물도록 하였다. 그 액수도 클 뿐만 아니라 다른 경찰 공직자들도 잇따라 소송을 제기할 태세였으므로 미국의 거대 언론인 〈뉴욕타임스〉는 도산할 입장에 처하게 되었다. 그런데 연방대법원에서는 주 법원의 결론을 뒤집어 〈뉴욕타임스〉의 손을 들어주었다. 대법원은 판결에서 공직자가 언론을 상대로 한 명예훼손 소송에서 이기기 위해서는 단순히 그 기사의 내용에 거짓이 있다는 사실을 넘어 언론사나 기자가 그 공직자를 해치려고 하는 '실질적인 악의(actual malice)'를 가지고 있었음을 입증해야 한다고 하였다.

이 판결은 실질적으로 공직자에 대한 비판을 무제한으로 허용하는 효과를 가져왔으며 미국에서 1960년대의 인권운동이나 반전운동이 확산하는 계기가 되었다고 평가된다. 언론의 자유로운 취재나 보도가 없었더라면 미국 남부에서 일어나는 흑인 인권의 침해나 베트남 전쟁의 부당함과 참혹함 등에 대한 국민들의 각성과 저항이 일어나기는 힘들었을 것이다.

우리 대법원에서도 공익적 목적을 가진 언론보도에 대하여는 허위 사실이 포함되어 있더라도 그것이 진실이라고 믿었고 그렇게 믿을 만한 상당한 이유가 있는 경우에는 책임을 면하도록 하고 있지만 그러한 점에 관하여 언론사나 기자에게 입증책임을 지도록 하고 있어 미국의 경우처럼 넓게 인정하지는 않고 있는 것 같다.

민주주의는 언론의 자유 없이 존재할 수 없다. 민주주의는 사상이나 생각의 자유로운 교환을 전제로 하며 설사 그 과정에서 거짓 정보가 유통되어 국가기관이나 공직자의 명예를 훼손하는 일이 생기더라도 이를 민주주의 사회가 치러야 할 대가로 여긴다. '공연히 허위의 통신을 한 자'를 처벌하는 전기통신기본법의 조항을 위헌이라고 선언한 우리 헌법재판소 판결에서는 '허위 사실의 표현'도 헌법상 언론·출판의 자유를 보호하는 영역에 속한다고 하였다.

현 정부에서는 새로운 방송통신위원장과 문화체육부 장관 임명을 계기로 가짜 뉴스와의 전쟁을 공언하고 있다. 이러한 움직임이 살아있는 권력에 대한 정당한 비판을 막으려는 것이 아닌가 하는 우려는 두 분의 이력을 보더라도 근거가 없지는 않다. 국가기관에서 뉴스의 진위를 판별하는 것은 어렵기도 하거니와 권력의 입김을 배제하기도 힘들다.

언론은 속보성速報性을 기본으로 하므로 엄밀하게 진위를 분별하여 보도하기는 어렵다. 중요한 사안일수록 이를 가리는 것이 어렵고 시간이 오래 걸린다. 어떤 일은 미궁에 빠져 역사적 과제로 남기도 한다. 17세기 사상가 존 밀턴은 "진리와 허위가 맞붙어 싸우게 하라. 누가 자유롭고 공개적인 대결에서 진리가 불리하게 되는 것을 본 적이 있는가."라는 유명한 말을 남겼다. 거짓 정보에 대한 해독제는 단속이나 처벌이 아니라 '더 많은 정보'다.

안타깝지만 원고가 졌습니다

5

법은 사랑처럼

법은 사랑처럼

법원의 판결이 자신의 상식이나 정의 관념과 부합하지 않음에 대하여 법정에서 항의하는 것을 자주 보게 된다. 현실적인 한계로 인하여 법원이 진실을 발견하는 데에 실패하는 경우도 있겠지만, 더 많은 경우는 당사자가 가지고 있는 상식이란 것이 주관적이고 일방적인 것이어서 보편성을 갖지 못하기 때문이다.

인간이란 아무래도 자신의 입장에서만 사건을 바라보게 되고, 상대방의 입장이나 더 높은 사회적인 가치를 함께 생각한다는 것은 상당한 정도의 지적, 도덕적 능력을 요한다.

봉준호 감독의 〈마더〉는 외아들이 무고하게 살인 혐의자로 몰렸다고 생각하는 한 엄마의 맹목적인 투쟁을 그린 잘 만든 영화였다. 지능이 약간 모자라는 외아들(원빈 분)이 동네 여고생을 죽였다는 살인 혐의로 구속되자 엄마(김혜자 분)는 아들의 결백을 확신하고 이를 밝히기 위하여 동분서주한다. 어려운 형편에 비싼 수임료를 지불하고 변호사를 선임하기도 하고, 평소 잘 아는 형사를 동원하기도 하지만 일은 점점 더 어려워지기만 할 뿐이다. 결국 자신이 직접 나서서 범인을 잡으려고 하지만 그 과정에서 오히려 아들이 범행하는 장면을 직접 목격한 결정적인 증인을 만나게 되자 그를 살해하기에 이른다. 그런데 영화의 결말에서는 엉뚱하게도 정말 무고한 정신박약인 청년이 살인범으로 붙잡히게 되고 따라서 아들은 석방되고 만다.

이 영화에서 가장 인상에 남는 것은 엄마가 진범인 아들 대신 붙잡힌 무고한 피의자를 경찰서 유치장에서 만난 자리에서 흐느끼면서 이렇게 외치는 장면이다. "너는 엄마도 없니, 엄마도 없어?" 내 새끼는 내가 지킨다는 야수와 같은 본능 속에 범죄를 저지른 자는 그에 합당한 처벌을 받아야 한다는 세상의 법이 들어설 자리는 없다. 엄마와 아들은 서로가 살인자임을 잘 알고 있으면서도 입을 닫고 다시 평온한 일상으로 돌아오지만 극장을 나서는 관객의 마음은 착잡하기만 하다.

우리나라가 짧은 기간에 여러 방면에서 많은 발전을 이루어 내었고, 개개인의 지적 수준이나 사회의식도 높아졌다는 사실을 부인하기는 어렵다. 그러나 높은 수준의 교육을 받고 세상의 일들에 합리적이고 객관적인 비판을 가하는 사람들도 정작 자신의 이해관계가 걸린 사안에 부딪히게 되면 눈을 막고 귀를 닫은 '엄마' 처럼 되는 경우를 자주 본다. 법정에서 과거에 일어난 일을 완벽하게 재현한다는 것이 얼마나 어려운 일인지, 또한 법에서는 개개인 사이의 구체적인 정의도 중요하지만 이를 떠나서 거래관계의 안정성을 보장하기 위하여 사회적인 약속을 미리 규정하는 경우도 있다는 사실을 아무리 설명하여도 수긍하지 못하는 것이다.

영화 이야기를 하나 더 해보자. 〈크레이머 대 크레이머〉라는 영화에서 젊은 주부인 메릴 스트립은 갑자기 자신의 일을 찾겠다면서 남편인 더스틴 호프만에게 이혼을 요구하는데, 두 부부는 사랑하는 어린 아들의 양육권을 두고 법정에서 치열한 다툼을 벌인다. 결국 아버지가 패소하게 되어 혼자 키우던 아들을 어머니에게 보내야 하는데, 이를 이해하지 못하는 아들에게 이렇게 설명한다. "엄마랑 아빠는 모두 너와 살고 싶단다. 그래서 판사 아저씨에게 물어봤지. 그 아저씨는 현명하고 이런 일에 경험도 많거든. 판사 아저씨가 며칠 동안 엄마 아빠의 얘기를 듣고 의견을 나누었는데, 너는 엄마와 사는 것이 좋겠다고 결정을 내린 거지."

오래 전에 본 영화인데도 이 평범한 말이 감동적으로 기억되고 있는 것은 그만큼 현실에서 듣고 싶은 말이기 때문일 것이다. 법은 과학자들이 실험실에서 탐구하듯이 절대적인 진리를 찾아가는 것이 아니다. 다양한 배경과 가치관을 가진 사람들이 같이 어울려 살아가기 위한 최소한의 약속을 정한 것이므로 그때그때의 사회적인 합의에 따라 많은 변화를 겪는 것이다. 그러므로 자신의 생각과 다른 법과 판결은 언제든지 나올 수 있는 것이며, 이를 큰 사회적인 관점에서 수용하는 것이 올바른 태도이다. 법치주의만이 살 길인 것처럼 부르짖다가 마음에 들지 않는 판결은 거부하고 저항하는 정치인들의 행동은 스스로의 존재가치를 부정하는 것으로써 참 잘못된 것이다.

법이 불완전한 것은 인간이 그러하기 때문이다. 법에 배신당하고 상처 받았다고 생각하는 모든 사람들을 위하여 영국의 시인 W. H. 오든의 「법은 사랑처럼〔Law like love〕」의 마지막 구절을 보낸다.

"법은 사랑처럼/ 어디에 있는지 왜 있는지 모르는 것// 사랑처럼 억지로는 못 하고/ 벗어날 수도 없는 것// 사랑처럼 우리는 흔히 울지만/ 사랑처럼 대개는 못 지키는 것"

법은 사랑처럼

변호사를 슬프게 하는 것들

　울고 있는, 피고인의 처는 우리를 슬프게 한다. 법원의 한 모퉁이에서 매일 욕설을 퍼붓고 있는 여인의 붉은 입술 위에 초추의 양광이 떨어져 있을 때 대체로 가을은 우리를 슬프게 한다. 게다가 가을비는 쓸쓸히 내리는데 의뢰인의 발길은 끊어져 거의 일주일이나 수입이 없게 된 때.

　몇 해고 지난 후에 문득 돌아가신 아버지의 편지가 발견될 때, 그곳에 씌었으되, '이놈아, 너의 소행이 내게 얼마나 많은 불면의 밤을 가져오게 했던가…' 대체 나의 소행이란 무엇이던가? 사법시험에 거푸 낙방한 일, 1차 시험에 떨어지고도 속여서 유흥비를 타냈던 일, 아니면 사소한 연애사건이었을까. 이제는 그 숱한 죄상들도 기억할 바 없는데 그때 아버지는 그로 인해 가슴을 태우셨던 것이다.

　유치장에 갇혀 초조하게 서성이는 피의자의 모습 또한 우

안타깝지만 원고가 졌습니다

리를 슬프게 한다. 철창 속에서 그는 언제 보아도 멍청하니 서있다. 그의 순한 눈, 그의 세상모르는 낙천성, 변호사에 대한 근거 없는 무한한 신뢰는 더없이 우리를 슬프게 한다.

셰익스피어의 『헨리 6세』의 한 구절(The first thing we do, Let's kill all the lawyers, Kill them tonight!)을 읽을 때. 옛 친구를 만났을 때, 학창 시절의 동무 집을 찾았을 때, 그리하여 이제는 그가 존경받는 고관대작 혹은 공기업의 간부나 부유한 기업주가 된 몸으로, 좁은 사무실에서 서류나 뒤적이는 일개 변호사밖에 될 수 없었던 우리에게 손을 주기는 하나 귀찮은 부탁을 들을까 봐 벌써 우리를 알아보려 하지 않는 듯한 태도를 취할 때.

어린 시절에 살던 마을을 다시 찾았을 때, 그곳에는 이미 당신을 알아보는 이 드물고, '축 아무개 집 자제 아무개 몇 회 사법시험 합격'이라는 플래카드가 걸렸던, 왕자처럼 경이롭던 느티나무는 이미 베어지고 없는데, 뛰놀던 놀이터에는 단란주점이 들어서고, 물려받은 전답으로 부자가 된 옛 친구가 세상 돌아가는 이치를 설파할 때 들리는 늙은 작부의 옛 노래는 우리를 슬프게 한다.

달리는 구치소의 호송버스 또한 우리를 슬프게 한다. 어스름 황혼이 밤으로 되려 하는 즈음 차창에 그날 법정구속된 의뢰인의 분노한 모습이 언뜻 보일 때.

잘생긴 변호사가 열변을 토하고 맨손으로 악당들을 해치

우는 은성한 미국영화를 보고 났을 때, 존 그리샴의 법정소설을 읽을 때, 변호사는 입으로 먹고산다는 멘트를 한 후 사회자가 마이크를 넘겨줄 때, 그리하여 미국과 우리나라는 재판절차가 전혀 다르다는 어설픈 변명을 더듬거리며 하여야 할 때.

통음난무로 필름이 절단된 다음 날 끊어진 기억을 순간순간 되살리며 행적을 더듬고 있을 때, 누군가에게 무례를 범하지는 않았을까 하는 걱정에 노심초사하고 있을 때, '점잖은 분인 줄 알았는데 ㅋㅋㅋ, 입금하실 계좌번호는 XX은행…' 이라고 적힌 술집 여주인의 문자메시지를 받을 때 우리는 뼈에 사무치는 슬픔을 느끼게 된다.

뜬금없는 구술심리주의는 대체로 우리를 슬프게 한다. 작야의 주취가 미성인 채로 겨우 법정에 출석하였다가 주장의 요지를 진술하라는 재판장의 명령을 받을 때, 흐릿한 머리로 기억을 되살리려 기록을 뒤적이다 뭔가 한마디를 하려고 고개를 들다 법관의 측은해하는 슬픈 눈길을 보았을 때, 더구나 그 법관이 동문수학한 동창일 때 우리는 난데없는 슬픔을 느끼게 된다.

이 모든 것은 우리를 슬프게 한다. 그러나 우리를 슬프게 하는 것들이 어찌 이뿐이랴! 도덕가인 체하는 사람, 파산한 노변호사의 쓸쓸한 장례식, 삼십 년 만에 찾아온 첫사랑의 초췌한 중년의 모습, 그것이 결국은 보험에 들어달라고 부탁하기 위한 것일 때, 고관 출신의 거만한 변호사, 가난한 노파의 눈물, 아이의 성적표, 급여일은 다가오는데 줄어드는 통장의 잔고, 선고를 받은 피고인의 울음소리, 재판이 끝나고 텅 빈 법정, 죽은 김광석의 노래 몇 구절, 체호프의 단편들, 거짓이 들통난 우리 측 증인의 당황한 표정, '귀하는 불성실 신고자로 분류되었사오니…' 라고 적힌 세무서장의 친전, 상대방의 두터운 준비서면, 기일변경에 동의해 주지 않는 상대방 대리인 - 이 모든 것 또한 우리의 마음을 무한히 슬프게 하는 것이다.

---

* 김진섭의 명역으로 잘 알려진 안톤 슈낙의 「우리를 슬프게 하는 것들」이라는 수필을 패러디해 보았다.

법은 사랑처럼

세상 속에서의 법원

독일의 소설가 귄터 그라스의 대표작 「양철북」의 주인공인 오스카는 기성세대의 타락에 실망한 나머지 자신의 세 번째 생일에 스스로 지하실 계단에서 떨어지는 사고를 일으키게 되고, 성장을 멈춘 어린이로서 양철북을 목에 메고 나치 독일에서 살아가게 된다. 오스카는 특이한 능력이 있는데, 이는 다른 사람에게는 들리지도 않는 높은 목소리를 냄으로써 유리창을 마음대로 깨트리는 것이다. 오스카는 나치의 폭력이 횡행하는 밤거리를 돌아다니면서 상점의 유리창을 적시에 적당한 크기로 깨트려 행인의 도심盜心을 자극한다.

어느 날 엄격하기로 유명한 숄티스 판사가 지나가기를 기다려 상점의 유리창을 깨트리는데, 이 판사는 세 번은 그 유혹을 물리쳤으나 결국 손을 내밀어 '오소리 털로 된 면도용 솔'을 훔치게 된다. 재미있는 것은 그 이후로 숄티스 판사는

안타깝지만 원고가 졌습니다

'온후하고 관대하며, 항상 인간적인 판결을 내리는 법관' 이 되었다는 것이다.

방대한 소설 중에 나오는 이 짧은 에피소드가 오랫동안 내 기억에 남아있는 것은, 범죄의 유혹에 굴복한 판사가 오히려 세인의 존경을 받는 훌륭한 판사로 거듭나게 되었다는 역설에 깊은 공감을 느꼈기 때문일 것이다.

법정은 신성하고 공평할지 모르지만 우리가 법정에서 살아가는 것은 아니다. 법관이 판단하는 대상은 보통 사람이 부대끼면서 살아가는 생활관계이며, 이것을 무결점의 진공상태에서 바라보는 것이 아니라 세속에 찌든 평균인의 관점에서 보는 것이다.

오늘날 법관에게 부족한 것은 좋은 머리나 법률적인 지식이 아니라 힘든 세상을 살아가는 서민의 팍팍한 삶에 대한 이해와 공감이라는 생각을 자주 한다. 좋은 법관은 세상과 담을 쌓고 살아가는 고독한 수도승이 아니라, 정의롭지 못한 세상에 몸담고 살아가면서 세속적인 욕망에 고민하고 회의하는 생활인이 아닐까 하는 생각이 든다. 양창수 대법관은 취임사에서 법관으로서의 임무에 관하여 말하면서 "사건마다 그 배후에 놓인 생활관계의 속살을 생생하게 직관할 수 있도록 정신의 탄력을 잃지 말고, 상상력과 감수성을 예리하게 연마하는 것이 필요하다고 생각한다."고 하였다.

그런데 그 능력은 법학서적이나 판례집에서 찾는 것이 아니라 현실생활과의 끊임없는 접촉에 의하여 얻는 것이다. 그러나 우리의 교육제도와 법관임용제도의 현실을 본다면 젊은 법관 대다수가 사회적인 경험이 거의 없는 책상물림일 가능성이 높다. 과거에는 가난한 집안에서 밑바닥 인생을 경험한 사람이 많았지만, 요즘에는 좋은 환경에서 아무런 걱정 없이 안정된 미래를 위하여 공부에만 몰두한 사람이 대부분이어서 과연 무가치한 욕망과 기괴한 어리석음으로 가득한 현실을 법정에서 접할 때 그 이해의 정도는 어떠할까 하는 걱정도 든다.

살인적인 입시경쟁을 거쳐 대학을 다니고 사법시험을 거쳐 판사가 될 때까지의 과정은 말할 것도 없고, 임용된 후에도 과중한 업무량에 집에서도 쉴 틈이 없는 이런 현실에서 무리한 말일지도 모르지만, 젊은 판사들이 좀 더 많은 사람을 만나서 이야기를 나누고, 많은 곳을 다니고, 많은 책을 읽기를 바란다. 세상에 대한 깊은 관여를 통하여 구체적인 사건을 통찰하려는 노력을 기울여야 할 것이다. 우리는 법관이 좁은 시야를 가진 오만한 수재가 아니라, 자신에게 주어진 무한한 권력에 대하여 두려움을 가지고 자신의 판단에 끊임없이 회의하는 겸손한 사람이기를 바란다.

이 겸손은 쉽게 얻는 것이 아니라, 법정을 뛰어나와 넓은 세상과의 접촉을 통해서만 얻을 수 있는 것이다. 그런 의미에서 미국의 전설적인 대법관 올리버 웬델 홈즈의 주장은 또

렷이 머리에 새겨둘 만하다.

"법은 논리가 아니라 경험이요, 천재의 영역이 아니라 어른의 영역이다."*

---

* 이 인용문에 대하여 미국 법대에서 강의하시는 분께서 메일을 보내 '법은 논리가 아니라 경험'이라는 말은 워낙 유명한 홈즈 대법관의 말이지만 '천재의 영역이 아니라 어른의 영역'이라는 말은 홈즈 판사의 어록 중에 찾을 수 없다고 했다. 그러면서 그 출처를 요구하셨는데, 옛날부터 홈즈 대법관의 말씀이라고 기억하고 있었지만 아무리 해도 그 출전을 찾을 수가 없었다. 그러나 워낙 그럴듯한 말이기에 삭제하지 않고 그대로 둔다.

법은 사랑처럼

정치의 사법화司法化를 경계한다

    민주주의가 확립된 현대의 국가에서는 헌법재판소나 최고법원이 국회가 만든 법률이나 나라의 중요한 정책 위헌 여부의 심사, 나라의 수반을 비롯한 선출직 고위 공무원에 대한 탄핵이나 선거 후 당선 여부 등의 중요 사항에 관한 결정권을 가지게 하는 것이 일반적이다.

    이러한 일은 사람이 아니라 법이 지배하는 법치주의 아래에서는 당연한 것이다. 하지만 국민에 의하여 선출되지 않아 민주적 정당성이 없는 법관들이 국가의 중대한 정치적 문제에 관한 결정을 내린다는 점에서 민주주의에 대한 위협으로 간주되기도 한다. '민주화 이후의 민주주의'를 고민하고 있는 우리 사회에서 이러한 '정치의 사법화' 현상은 민주주의와 법치주의의 갈등 문제를 야기하기도 한다.

    법치주의나 삼권분립이 민주주의를 이루는 필수적인 요

안타깝지만 원고가 졌습니다

소임은 분명하다. 사전事前에 명확한 언어로 만들어지고 공포된 법률에 의하여 행해지는 독립한 법원의 판결에 의하지 않고는 자신의 재산을 빼앗기거나 자유가 제한되는 일은 없다는 이 원칙은 근대 이후의 사회에서 개인의 잠재적인 능력을 발현시켜 문명의 폭발적인 발전을 이루는 계기가 되었다. 그러나 이러한 독립된 전문가로 이루어진 기관이 고도의 정치적인 판단에 얼마나 적합한지에 관하여는 회의적인 시각이 많다.

연방이나 주 의회에 의하여 만들어진 법률의 위헌 여부에 관하여 판단한 경험을 축적한 미국의 연방대법원에는 '사법자제〔judicial restraint〕'라는 이론이 오래 전부터 주창되어 왔다. 대공황의 여파로 집권한 프랭클린 D. 루스벨트 대통령이 경제 분야의 개혁입법을 잇따라 제정하자 종래의 자유주의 법원칙에 입각한 연방대법원에서는 이를 위헌으로 무효화하는 판결이 잇따랐다. 이에 격분한 루스벨트 대통령이 연방대법원의 대법관 수를 늘리고 정년을 제한하는 등의 구상을 계획하기도 하였지만 무위로 돌아갔다.

그런데 그 후 국민의 대통령에 대한 지지가 높아지고 경제개혁의 효과가 드러나자 법원이 그동안의 태도를 바꾸어 개입을 자제하게 되었다고 한다. 당시 한 대법관은, 자신이 개인적으로는 문제된 국가의 정책에 반대한다고 하더라도, 국민들은 자신들이 뽑은 의원들을 통하여 정책을 만드는 것이므로 그들은 실패할 기회까지도 보장받아야 한다고 말하였다.

사실 법관들은 일정한 자격이나 시험을 통하여 선발되는 것이지 국민의 신임을 받은 것이 아니다. 사법권의 확대는 전 세계적 현상이긴 하지만, 선출되지 않고, 통제되지 않고, 책임지지 않는 권력이다. 특히 그동안 우리나라의 법관 선발 과정을 보면 국가의 정책이나 선거에 의하여 선출된 지도자의 자격 여부에 관한 판단을 맡기기에는 그 자질에 대한 검증이 너무나 부족하다. 국민대표성을 가진 정치권이 대화와 타협을 통하여 결단하고 그에 대하여 정치적 책임을 부담하여야 할 사안을 민주적 대표성이 결여된 소극적 분쟁해결기관인 법원에 넘기는 것은, 그것이 비록 법치주의의 외양을 갖추었다고 하더라도 결국 다른 의미에서 법치주의를 훼손할 우려가 있다고 할 것이다.

최근 대법원이 이재명 경기도지사의 공직선거법 위반 사건에 대하여 내린 파기환송판결은 이러한 '정치의 사법화'에 대한 우려와 '사법 자제의 원칙'을 잘 드러내고 있다.* 선거기간 중 방송토론회 도중에 있는 발언에 대한 법 적용은 신중을 기해야 하고, 이러한 문제에 대하여 법원이 개입하는

---

* 2020년 7월 16일 대법원은 당시 이재명 경기도지사에 대한 선거법위반 판결에서 당선무효형을 선고한 원심을 파기하고 무죄 취지의 판결을 선고하였다.

안타깝지만 원고가 졌습니다

것은 '선거결과가 최종적으로 검찰과 법원의 사법적 판단에 좌우될 위험에 처해짐으로써 국민의 자유로운 의사로 대표자를 선출한다는 민주주의 이념이 훼손될 우려가 있다'고 밝힌 것이다. 사법부가 당선인이 방송토론회 중에 주고받은 말에 대하여 엄격한 법적 논리를 들이대어 압도적인 차이로 당선된 사람의 자격을 박탈하고 일정 기간 정치적 생명을 끊는 것은 오히려 민주주의에 반하는 것이다.

국회의 다수에 의하여 만들어진 법률의 유무효나 선출된 공직자의 자격 여부에 관하여 헌법재판소나 대법원의 법관들에게 판단을 맡기는 것은, 그것이 최선이어서가 아니라 민주주의 사회에서 다른 적절한 방법이 없기 때문이다. 민주화 이후로 다른 방법에 의하여 걸러져야 할 정치적 분쟁들이 검찰과 법원으로 무분별하게 달려가고, 이로 인한 검찰권과 사법권의 교만과 권한의 남용이 우려되는 상황에서 더 좋은 민주주의를 위한 사법권의 역할 정립이 필요한 때이다.

법은 사랑처럼

네가 먼저 판단한 죄!

명장 마틴 스콜세지가 감독하고 로버트 드 니로가 주연한 1991년 영화 〈케이프 피어Cape Fear〉는 한 변호사의 수난을 다루고 있다. 이 변호사는 한 미성년 소녀를 성폭행한 남자의 국선 변호를 맡게 되는데, 사건 기록을 검토하다 이 성폭행범의 잔인함에 오히려 분노하게 되어 피해자인 소녀의 성적인 방탕함을 나타내는, 피고인에게 유리한 자료를 일부러 법원에 제출하지 않아 범인은 14년이라는 중형을 선고받게 된다.

복역하던 중에 이러한 사실을 알게 된 남자는 출소한 후에 이 변호사와 가족 주위를 맴돌면서 온갖 교묘한 방법으로 이들을 괴롭히는데, 결국 마지막 장면에서는 폭풍우가 치는 케이프 피어라는 강 위에서 변호사를 폭력으로 제압한 후 그의 잘못에 대한 재판을 벌이고는 이렇게 선고한다.

안타깝지만 원고가 졌습니다

"당신은 유죄야. 친구를 배신한 죄, 나라를 배신한 죄, 서약을 배신한 죄, 그리고 무엇보다 네가 먼저 판단한 죄!"

이재명 대통령 후보가 과거 변호사로 일하던 시절에 교제하던 여성을 살해한 조카를 변론한 것을 상대 진영에서 문제 삼고 있는 것을 보고 이 영화가 떠올랐다. 여성 피해자 인권을 옹호해 온 이수정 경기대 교수는 상대 후보의 공동선대위원장으로 가세하면서 이 후보의 이러한 행적을 그 처신의 평계로 삼았다. 특히 조카가 범행 당시 음주로 인한 심신미약 상태에 있었다는 주장을 한 것을 마치 변호사로서 파렴치한 행동을 한 것처럼 주장하고 있다. 그냥 가족이나 주위 사람들의 탄원서나 모아서 내며 선처를 바라는 방법으로 변론해야 했었다는 말은 근대 이후 인권의 역사를 송두리째 부정하는 것 같아 안타깝다.

사실 변호사가 사회적인 공분을 불러일으킨 흉악범을 변론하는 것은 심정적으로 부담스러운 일이다. 그러나 그럴수록 변호가 더 필요하고 또한 법으로도 범죄가 중할 경우에는 변호인 없이는 재판을 할 수 없도록 하고 있으므로 변호인이 없을 수는 없다. 우리 '변호사윤리장전'에서 변호사는 의뢰인이나 사건의 내용이 사회 일반으로부터 비난을 받는다는 이유로 수임을 거절해서는 안 된다고 규정하고 있는 것도 이런 이유다.

변호사의 변론활동을 마치 변호를 받는 범죄자의 범행에

동조하거나 옹호하는 것으로 생각하여 비난하는 것은 공정한 재판을 막는 일이다. 변호사 윤리에 관한 논의가 발달한 미국의 변호사 모범규칙에는 변호사의 대리행위는 의뢰인의 정치적·경제적·사회적 또는 윤리적 관점이나 행위를 지지하는 것으로 해석되지 않는다고 못을 박고 있다.

이수정 씨의 주장을 보면 변호사는 그러한 사건을 수임하더라도 미리 도덕적 판단을 해 사회윤리에 어긋나는 변론을 해서는 안 된다는 것 같다. 그러나 변호인은 판단을 하는 자가 아니며 의뢰인을 위해 일하는 자다. 과거에 벌어진 일을 법정에서 완전하게 복원하는 일은 어렵고 또 확정된 사실을 바라보는 시각에도 여러 가지가 있을 수 있다. 미국의 변호사 모범규칙에도 변호사는 의뢰인을 '열성적으로' 대리해야 하며, 종국적으로 받아들여질 가능성이 있는지에 관계없이 의뢰인에게 유리한 법해석을 주장할 수 있다고 하고 있다.

변호사의 도움을 받을 권리나 변호사의 변론권은 근대 이후 인권의 역사와 함께 발전해 온 것이며, 긴 투쟁을 통해 얻은 기본권이다. 일시적인 정치적 이익을 위해 가볍게 논쟁의 대상으로 삼거나 자신의 정치적 처신의 핑계로 삼을 일이 아닌 것이다.

'안타깝지만' 원고가 졌습니다

최근 한 판결문이 화제가 되었다. 판결의 결론인 주문主文에서 "안타깝지만 원고가 졌습니다."라는 파격적인 문장을 덧붙인 것이다. 여기에다 이유에서 그림을 사용하는 등 청각장애인인 원고가 이해하기 쉽게 많은 배려를 하였다. 엄격한 형식이 요구되는 판결문에서 이런 구어체의 문장을 사용한 것을 법원이 국민들에게 더 친근하게 다가가기 위한 노력으로 보아 긍정적으로 평가하는 의견들이 더 많은 것 같다.

이 사건은 원고를 대리하는 변호사가 특별히 당사자가 이해하고 납득하기 쉬운 판결문을 부탁하였고, 법원이 많은 정성을 들여 응답한 것이다. 일제강점기의 판결문을 보면 '피고인은 우수右手로 피해자의 좌협左頰을 타打하여…'와 같은 일반인이 이해할 수 없는 문장들이 많다. 우리 법원도 종래 현실에서 잘 사용하지 않는 어려운 법률용어들을 친숙한 우리말로 바꾸기 위하여 많은 노력을 해왔지만 전문성으로 인한 한계가 엄연한 것 같다.

'원고의 청구를 기각한다' 라는 말보다는 '원고가 졌습니다' 라는 말이 훨씬 이해하기 쉽다. 그런데 나는 앞에 붙인 '안타깝지만' 이라는 말이 더 눈에 띄었다. 판사가 자신이 내린 결론에 대하여 왜 안타깝다는 표현을 굳이 썼을까? 재판에 진 원고의 고통에 대한 위로일 수도 있지만, 자신이 법적 논리에 따라 내린 결론이 자신이 가진 정의 관념과 일치하지 않는다는 고백일 수도 있겠다는 생각이 든다.

사법연수원을 다닐 때 재판 잘하기로 평판이 자자했던 한 부장판사께서 강의에서 한 말이 하도 인상적이어서 기억에 남아있다.

"판사들 중에 재판에서 A가 억울한 사람이지만 법리상 상대방인 B의 손을 들어줄 수밖에 없어서 괴롭다는 말을 하는 경우가 자주 있는데, 이는 대단히 잘못된 것이다. 이러한 일이 일어난 원인은, 첫째로 그 판사의 정의 관념이 잘못되어 억울하지 않은 사람을 억울하게 생각하는 경우가 있고, 둘째로 법리에 어두워서 억울한 사람을 구제하지 못하는 경우가 있는데, 첫째의 경우가 더 많다. 억울한 사람을 구제하지 못하는 법은 없다."

우리 헌법에서 판사는 '법률' 과 '양심' 에 따라 독립하여 재판하는 것으로 규정하고 있다. 법률은 객관적이지만 양심은 제각각이다. 최근 말들이 많았던 SK그룹 최태원 회장에 대한 이혼 판결의 결론은 엄격한 법에 따른 것이라기보다는 판사 개인의 공정과 정의에 대한 관념이 작용한 것이다. 작은 기업의 경우에는 재산분할의 대상이 되지만 다수 주주의 이해관계가 얽혀있는 거대기업의 경우에는 지배주주의 변동을 가져오는 재산분할은 허용되지 않는다거나, 딴살림을 차려 혼외자까지 두었음에도 위자료의 액수를 10조 재산을 가진 사람을 10억 재산을 가진 사람과 같이 취급한 것은 법률이 그래서가 아니라 판사 개인의 양심이 그런 것이다. 이 양심은 개인이 부모로부터 물려받은 유전적 소질, 성장 환경이나 개인적인 경험, 우연히 읽은 책의 내용 등등이 모두 어울려 만들어진다.

법사회학자 외젠 에를리히의 "결국 정의를 보장하는 것은 법관의 인격밖에 없다."라는 말에서 보듯이 판사의 양심이 일반 시민의 양심과 다르면 모두가 우울해진다. 미국의 연방대법관 카도조는 "판사로서 내 임무는 나의 희망과 확신과 철학이 아닌 내가 살아가는 시대의 선남선녀들의 희망과 확신과 철학을 법 안에서 구체화하는 것이다."라고 말하였고, 시인 월트 휘트먼은 이를 '자신의 시대와 영토의 형평을 맞추는' 것이라고 표현하였다. 법리를 다듬는 것만이 아니라 이런 '시대정신〔Zeitgeist〕'을 잡으려고 노력하는 것이 중요하다는 말인데, 이래서 법관은 어렵고도 힘든 일이다.

화해와 치유의 법정*

어느 소액사건 법정에서 있었던 일이다. 소액사건은 하루에 진행해야 하는 사건의 수가 많아 법정이 늘 번잡하다. 한 당사자가 재판 중 판사에게 자신의 억울함을 강하게 호소하자, 판사가 그 당사자에게 뒤를 돌아보게 한 후 한숨을 쉬며 말했다. "이 많은 분들이 다 억울한 분들입니다."

재판이라고 하면 영민한 판사가 대립되는 두 당사자의 주장을 듣고 진실을 가려내어 선량한 피해자를 악인으로부터 구제하는 것이라고 생각하기 쉽다. 그러나 재산을 놓고 다투는 일반 민사재판의 경우 악인과 선인의 대립이라기보다는 사람들 사이에 엉뚱한 일로 생긴 손실을 누가 부담할 것인지

---

* 2022년 6월 9일 오전 11시쯤 대구 법원 근처의 변호사 사무실에 사건의 상대방 당사자가 인화성 물질로 불을 질러 개인적으로 잘 아는 후배 변호사 등 7명이 숨지는 참사가 일어났다.

안타깝지만 원고가 졌습니다

를 다투는 것이 더 많다. 천재지변이나 경제사정의 변화 또는 당사자가 아닌 제3자의 잘못으로 생긴 손실에 대한 뒤치다꺼리인 셈이다.

미국의 전설적인 대법관 홈즈Holmes는 어떤 법학도가 "정의를 행하세요, 대법관님!〔Do justice, Justice〕"라고 하자, "그건 내 일이 아닐세!"라고 답했다는 유명한 일화가 있다. 법원이 정의를 행하지 않는다는 이 역설은 법원이 절대적인 진리를 추구하는 것이 아니라 그 시대의 변화하는 현실에 맞춰 당사자들 사이의 이해관계를 조절하는 기능을 한다는 철학에 기인한 것이다.

법원이 '사실〔fact〕을 다오. 그러면 판결을 주겠다'라는 소극적인 태도에서 벗어나 당사자의 구체적인 형편을 살피고 가장 나은 해결책을 모색하는 적극적인 태도가 필요하다는 말이 있다. 민사소송이 원고와 피고의(혹은 그 대리인인 변호사들 사이의) 치열한 대립을 전제로 하는 대심對審적 구조에서 벗어나, 법관과 당사자들이 이미 일어난 일에 대하여 모두에게 가장 유리한 방법을 찾는 협력적인 구조를 취해야 한다는 것이다.

돈 들고 시간 끌고 인간관계도 파괴되는 기존의 소송에서 벗어난 대체적분쟁해결제도〔ADR〕를 활성화하려는 노력은 계속되어 왔다. 특히 법원에서 당사자들이 허심탄회하게 자신의 감정을 토로하고 법관의 관여로 화해에 이르는 조정調整

제도는, '가장 나쁜 화해도 가장 좋은 판결보다 낫다'는 법언에서도 보듯이, 그간의 감정적인 상처까지 치유한다는 점에서 권유되어 왔다. 법원이나 변호사들이 화해를 당사자에게 권하는 것은 소송이 대체로 과거에 인간관계가 좋게 형성되어 있던 사람들 사이에 생기는 것이고, 판결에 의할 경우 그것이 아무리 정의로운 것이라 하더라도 그 관계가 끊어지는 손실이 있기 때문이기도 하다.

이번 변호사 사무실 방화 참사는 모두에게 충격을 주었고 어떠한 변명으로도 용납될 수 없다. 특히 그 피해자들이 범인과는 아무런 관련이 없는 무고한 사람들이어서 그 황당함과 비통함이 더하다. 들리는 이야기로는 범인의 재건축 투자 실패로 인한 좌절은 일련의 무용한 소송과 패소판결들에 의하여 더 악화된 것으로 보인다. 그는 법리상 허용되지 않는 청구를 하지 말았어야 했고, 판결에 희망을 걸지 말았어야 했다. 그는 파산한 상태에서도 그 소송들을 위하여 천만 원이 훌쩍 넘는 돈을 법원이 제공하는 서비스에 대한 대가인 인지印紙대로 납부했을 것이고, 법원이 좀 더 나은 대접을 해주기를 바랐을지도 모르겠다. 이 사건이 법치주의에 대한 테러인 것은 분명하지만 그 대응책이 변호사 사무실의 보안을 강화하는 정도여서는 곤란하다. 정의를 행하는 냉철한 법원이 아니라 화해와 치유를 모색하는 따뜻한 법원이기를 바라고 그런 노력에 모두가 협력해야 할 것이다.

50억 원의 무게*

　우리 지역의 한 후배 변호사가 곽상도 전 의원에 대한 말도 많고 탈도 많은 무죄 판결을 비판하면서 '50억의 무게를 간과한 판결' 이라는 결론을 내린 것을 보고 크게 공감이 되었다. 이 사건이 세간의 관심을 끈 것은 퇴직금이라는 명목으로 지급된 금액의 엄청남이었다. 일반인들은 한 푼도 쓰지 않고 평생을 고생하며 모아도 그 근처에도 이를 수 없는 돈이 국회의원을 아버지로 둔 갓 서른의 젊은이에게 아무런 이유 없이 지급되었다는 사실은 허탈감과 함께 큰 공분을 불러일으켰다.

　'양量이 질質을 결정한다' 는 유명한 말이 있다. 양과 질은 분명히 대립되는 별개의 개념이지만 양이 일정한 수준을 넘

---

* 2023년 2월 8일 1심법원은 뇌물죄로 기소된 곽상도 전 의원에 대하여
　무죄를 선고하였다.

법은 사랑처럼

어 증가하면 그 본질을 변화시킨다는 뜻인데, 경제철학자 칼 마르크스가 산업혁명에 따른 경제규모의 폭발적 증가가 그 사회의 질적인 변화를 초래하였다는 뜻으로 사용하기도 하였다고 한다. 가령 형법에서 타인의 재물을 훔치는 것을 절도죄로 처벌하고 있지만, 현실에서 10원 동전 하나를 훔친 자를 범죄로 입건하여 처벌하지는 않을 것이다. 도대체 얼마부터 절도죄에서 규정한 재물의 의미를 띠는지에 관하여 명문의 규정이 없다고 하더라도 우리 사회 구성원들이 암묵적으로 합의하고 있는 금액의 기준선은 분명 있을 것이다.

곽상도 씨에 대한 판결에서 판사는 그 돈이 퇴직금이나 성과급으로서는 이례적으로 과다하다고 설명하였다는데, 50억 원이라는 돈은 그냥 과다한 퇴직금으로 볼 것이 아니라 퇴직금이 '아니라고' 판시했어야 했다. 정상적인 퇴직금의 2백 배가 넘는 돈은 그 본질이 퇴직금이 아니라 뭔가 다른 목적으로 주고받은 돈으로 변화한 것이다. 어느 정도의 금액에서 퇴직금이 아닌 뇌물로서의 성격으로 바뀔지에 관하여는 사람마다 생각이 다를 수 있지만, 50억 원이라는 엄청난 금액은 6년도 채 되지 않는 기간 동안 근무한 젊은 직원의 노력에 대한 대가로서의 본질을 이미 오래전에 잃어버렸다는 것은 누구나 수긍하는 우리 사회의 통념이다.

그러므로 이 판결은 회색빛 법 이론을 동원하여 사회 구성원들의 건전한 상식에 치명타를 가한 것이다. 50억이라는 낯선 숫자 앞에 아버지와 아들이 따로 살았다든지, 구체적인 청탁에 관한 증거가 부족하다든지 하는 이유들은 다 구차해 보인다. 이론에 끼워 맞추기 위해 현실이 있는 것이 아니라, 우리 사회의 구성원들이 지니고 있는 건전한 상식에 부합하는 결론을 이끌어내기 위해 이론이 존재하는 것이다.

곽상도 씨나 그 아들이 아무런 처벌을 받지 않고 그 돈을 자신들의 만족을 위하여 아무렇지 않게 소비할 수 있게 된다면 누가 우리 사회가 정의롭다고 말할 수 있을 것이며, 누가 수사기관의 조사 결과나 법원의 판결에 진심으로 승복할 수 있을 것인가!

이 판결은 또 어떤 교수가 조국 전 장관의 딸인 학생에게 지급한 6백만 원의 장학금을 아버지에게 부정하게 지급한 것으로 본 최근의 판결과 극명하게 대비되어 사법에 대한 신뢰에 의문을 가지게 하였다. 판사는 개개인이 하나의 법원이다. 수많은 법원이 다 제각각의 정의관을 가지고 구구한 기준을 적용한다면 국민들은 재판을 복불복의 우연으로 여길 것이다.

천하제일 서울법대 로비에는 '정의의 종鐘'이 설치되어 있고 거기에는 '하늘이 무너져도 정의는 세워라'는 현판이 걸려있다고 한다. 하늘은 멀쩡하기만 한데 오히려 법을 배운 사람들에 의해 정의가 무너져 내리는 것 같은 암담함을 느끼는 요즘이다.

법은 사랑처럼

자유自由, 그 철 지난 노래

윤 대통령의 취임사는 우렁차고 힘이 있었다. 그는 취임사에서 '자유'라는 말을 35번이나 외쳤다고 한다. 5·18 기념사에서도 5월 정신은 자유민주주의 헌법 그 자체라고 말하였다. 1980년 5월의 정신이 자유민주주의라는 것에는 일단 동의하지만, 미래의 비전을 밝힌 취임사가 '자유'로 채워진 것은 아무래도 어색하기만 하다.

자유라는 말이 가슴을 뛰게 하던 시절이 있었다. 시인 김수영이 노래하였듯이, 자유에는 피의 냄새가 섞여 있었다. 그러나 많은 사람들의 희생과 노력으로 우리는 그 엄혹한 시절로부터 멀리 왔다. 국제적인 평가를 보더라도 우리나라는 신체의 자유와 같은 인간의 기본권에서뿐만이 아니라 언론·집회의 자유와 같은 정치적 자유에서도 높은 점수를 받고 있다.

안타깝지만 원고가 졌습니다

이런 시대에 취임하는 대통령이 다시 자유를 높이 외치는 것은 시민의 권리를 말하기보다는 나라의 경제정책에서 국가의 간섭이 없는 자유시장경제를 지향하겠다는 것으로 들린다. 후보자 시절에 이미 최저임금제를 없애겠다고 공언하였듯이 경제에 대한 규제를 최대한 없애고 기업이 자유롭게 활동할 수 있도록 하겠다는 뜻일 것이다.

이미 백 년 전에 미국에서 문제가 되었듯이, 어린 소년의 노동을 금지하거나 여성의 근로시간을 제한하거나 최저임금을 나라에서 강제하는 것 같은 사회적 입법은 기업과 노동자 사이의 '계약의 자유'를 침해하는 것이어서, 그 유효성을 두고 연방대법원에서 치열하게 다투어졌다. 지금은 당연하게 생각하는 사회적 권리들도 그 당시에는 기업인들과 가진 자들의 자유를 부당하게 제한하거나 침해하는 것으로 주장되었고 그러한 우여곡절을 거쳐 확립되고 상식이 된 것이다.

경제적 자유주의자들은 구성원 모두가 평등하게 참여하는 공급과 수요의 법칙에 따라 가격이 결정되는 '순수시장'을 신봉하지만 역사의 경험은 그것이 불가능한 꿈이라는 것을 보여주었다. 자유시장에 국가가 개입하는 경제에 대한 규제가 다 나쁜 것처럼 생각되지만 그 나름의 목적이 있다. 그것은 환경 보호일 수도 있고 국토의 균형 발전일 수도 있고 경제적 약자에 대한 지원일 수도 있다. 이러한 가치는 그 시대의 상황에 따라 신자유주의가 추구하는 경제의 총량을 늘리는 성장보다 더 높은 가치일 수 있다.

80년대 이후의 신자유주의는 경제의 총량을 키우면 결국은 그 혜택이 가난한 사람들에게도 돌아간다는 소위 '낙수〔trickle-down〕효과'를 내세웠지만 그런 일은 실제 일어나지 않았다. 오히려 개별 국가의 통제를 받지 않으려고 '체제 선택'을 하는 글로벌 기업을 생산하였고, 거대해진 금융자본은 부도덕한 경영으로 파산하면서 국가와 국민에 그 손해를 부담하게 만들었다. 부의 불균형은 더 심화되어 가진 자와 못 가진 자의 대립과 세대 사이의 갈등은 더 커졌다.

새 대통령은 철 지난 노래인 '자유'보다는 이 시대에 더 절실한 가치를 말했어야 했다. 오히려 적용되지도 않는 헌법과 법률을 공부하며 사법시험을 준비하던 유신과 전두환 대통령 시절에 한 번이라도 우렁차게 '자유'를 외쳐야 하지 않았을까. 더워서 힘든데 애절하게 봄을 기다리는 노래를 듣는 것은 아무래도 좀 어색하기만 하다.

안타깝지만 원고가 졌습니다

6

거칠고 날 선 정의

거칠고 날 선 정의

#1.

거의 30년 전에 다녔던 사법연수원 과정에 2개월의 변호사 실무가 있었다. 지도 변호사로 지정된 사무실에서 변호사 업무를 직접 익히는 과정이었는데, 나의 지도 변호사로 배정된 분은 검사 출신의 노변호사님이셨다. 첫날 사무실에 가보니 사무실도 좁고 낡아 앉을 책상도 없었다. 점심식사를 하면서 변호사업의 애환에 대하여 듣고는 두 달 동안 그 사무실에 가지 않았다. 그래도 그분은 사법연수원에 제출하는 평가서에는 마치 열심히 사무실에서 실무를 익힌 것처럼 적어 주셨다.

#2.

범죄를 저지르고 법원에서 재판을 받고 있는 피고인들은

안타깝지만 원고가 졌습니다

조금이라도 가벼운 형벌을 받기 위하여 주위 사람들로부터 탄원서나 사실확인서를 많이 받아 온다. 그 내용이야 피고인이 평소 착실한 사람으로 동네에서도 궂은일도 마다 않는 모범적인 사람이며, 특히 이번 일로 노모가 쓰러져 누워 딱하다는 등의 천편일률적인 것으로서 객관적인 사실과는 차이가 있다.

최강욱 비서관이 조국 전 장관의 아들이 자신의 법무법인에서 인턴을 하였다는 확인서를 써준 것을 검찰이 허위의 문서로 대학원 입시업무를 방해하였다고 하여 업무방해죄로 기소한 뉴스를 보면서 언뜻 위의 두 경우가 떠올랐다. 나를 위하여 평가서를 작성한 지도 변호사나 피고인을 위하여 탄원서를 작성한 이웃들도 허위의 내용이 포함된 사적인 문서를 작성하여 공적인 기관에 제출한 것이다. 나는 이제는 작고한 그 변호사님에게 평가할 만한 자료 자체를 작성하여 제출한 적이 없었고, 피고인의 이웃들은 문서의 내용에 관하여 일일이 확인한 적이 없었다. 이러한 일들은 올바른 일은 아니지만 우리의 일상생활에서 빈번히 일어나는 일들이다. 인간적 정리에 의하여 자신이 아는 사실과 조금 다르거나 잘 알지 못하는 내용의 문서를 작성하여 주는 것은 양심에 거리끼는 일이기는 하지만 어울려 살아가는 사회에서 피하기 어려운 것이 현실이기도 하다.

거칠고 날선 정의

이러한 옳지 않은 일들에 나서게 되는 것은 인간관계에 의하여 마지못한 것이기도 하지만, 또한 이러한 문서들이 어떤 목적으로 쓰인다 하더라도 우리 사회에서 큰 해악을 끼치지 않는다는 믿음이 있기 때문이기도 하다. 사실 #1의 경우에 당시 변호사 연수는 형식적인 것으로 대부분의 연수생들이 변호사 사무실에서 실무를 익히기보다는 곧 있을 최종 시험에 몰입하는 것이 일반적이며 또한 지도 변호사들의 평가는 다 칭찬 일색이어서 사법연수원의 평가업무에 별 차이를 가져오지 않았다. 또한 #2의 경우에도 이웃들이 작성하여 법원에 제출하는 탄원서에 적힌 사실을 판사가 전적으로 신뢰하는 것은 아니며 양형에 있어서도 크게 참작이 되는 것은 아니다.

우리 형법에 의하면 자신 명의의 문서에 허위나 과장이 있다고 하더라도 공무원이 공무로 작성하거나 의사가 작성하는 진단서가 아니라면 형사처벌을 받지 않는다. 이러한 일들은 잘못된 일이기는 하나 법이 개입하여 나설 정도는 아니며 또한 현실적으로 수사기관에서 일일이 세상에서 작성되는 모든 사문서 내용의 진실을 따져 기소하기도 불가능하기 때문이다. 공무소나 학교나 경찰, 검찰과 같은 수사기관과 법원 등 공적 기관뿐만 아니라 사기업에까지 제출되는 모든 사문서들의 진실성을 수사의 대상으로 삼는 일이 도저히 불가능하다는 사실은 언뜻 생각해 보더라도 알 수 있다.

우리 사회의 모든 부분이 법이 규율하는 대상이 되는 것은 아니다. 개인의 양심이나 사회의 도덕이나 윤리 혹은 단체 자체의 규칙과 징계 등의 규범들이 법 이전에 우리 사회를 움직이고 통제하고 있다. 그런 의미에서 문학평론가 김우창은 법은 '규범성의 임계지점'에 있다고 말하였다. 규범이 지켜지지 않으면 아니 되는 부분, 또 그것이 파괴되는 극단적인 경우에 법이 나타나는 것이다. 개인이나 사회의 자정작용에 의하여 해결되어야 하고 또 그렇게 되어 온 부분에 법이 갑자기 등장하는 것은 정의로운 일이 아니다.

검찰이 최강욱 비서관을 조국 전 장관 아들의 로스쿨 지원에 첨부한 인턴 확인서를 써주었다는 이유로 업무방해죄로 기소한 것은 여러모로 문제가 많지만, 무엇보다도 형벌의 범위 밖에 있다고 여겨진 사회의 관행에 갑자기 칼을 들이댄 것이 놀랍다. 대법원 홈페이지에서 업무방해죄에 관한 판례를 대충 찾아보아도 이러한 경우를 찾기는 힘들었다. 개인이 자신의 서명이나 날인이 있는 문서를 작성하는 것은 어딘가에 쓰임이 있기 때문인데, 이를 접수한 기관의 업무를 방해하였다고 처벌하는 것은 사문서의 내용에 일부 허위의 내용이 있더라도 처벌하지 않는 형법의 취지를 없애는 것이다.

최강욱이 작성했다는 확인서가 설령 허위라고 하더라도 이번 검찰의 기소는 그동안 사회의 도덕이나 윤리 등 다른 규범에 맡겨졌으며 앞으로도 법이 개입하기 불가능한 부분에 어떤 목적을 가지고 예외적으로 개입한 경우로서 결코 바람직하지 않은 선례를 남길 것이다. 특히 피의자신문을 거치도록 하는 검찰의 실무지침을 어기고 전격적으로 기소한 것이나, 이런 무겁지 않은 사소한 공소사실에 대하여(조국의 아들은 그 대학원에 합격하지도 않았다고 하며, 피해자라고 할 수 있는 대학원에서도 이 문제에 대하여 문제 제기를 한 바도 없다.) 무슨 국가의 대역범죄이기라도 한 양 서울지검의 차장들이 검사장에게 몰려가 항의하고 검찰총장까지 개입하여 분란을 일으키는 장면은 보는 사람들까지 민망하게 하는 부끄러운 작태가 아닐 수 없다.

많은 국민들은 조국과 그 가족에 대한 검찰의 과도한 수사와 기소를 지켜보면서 우리 사회에서 부대끼며 살아가는 누구라도 운이 나쁘면 그 대상이 될 수 있다는 공포를 느꼈을 것이다. 정의는 검찰이 독점하는 것이 아니다. 아무리 특정인에 대한 검찰 권한의 행사가 법의 규정에 어긋나지 않는다고 하더라도 그것이 다른 사람들이나 다른 사건들과의 관계에서 형평성을 잃고 우리 사회의 평범한 사람들이 믿고 있는 질서에 어긋나는 것이라면 결코 정의롭지 않은 것이다. 무심하게 건넨 농담이나 문자 메시지까지 훗날 수집되고 공개되어 유죄의 증거로 제시되고 치욕을 주는 사회는 소설가 조지 오웰이 소설 『1984』에서 제시한 디스토피아의 암울한 세계이다.

조국이 서울대 교수로 재직하던 시절 펴낸 『절제의 형법

안타깝지만 원고가 졌습니다

학』 서문에서 이런 말을 한 것은 자신의 앞날을 예견하기라도 한 것 같다.

　"형벌만능주의, 중형엄벌주의는 시민사회의 자율적 통제능력의 성장을 가로막는다. 요컨대 형법은 칼이다. 이 칼은 의사의 메스처럼 조심스럽고 섬세하게 사용되어야지 망나니의 칼처럼 휘둘러져서는 안 된다. 이 칼은 '사회적 유해성'이 명백 현존한 행위에 대하여 다른 제재수단이 없는 경우에만 가해져야 한다."

싸우는 낙천주의자

고등학교에 들어가서 처음 배운 영어 단어가 'optimism〔낙관주의〕'과 'pessimism〔비관주의〕'이었다. 영영英英사전에서는 낙관주의를 사물의 밝은 면〔bright side〕을, 비관주의는 어두운 면〔dark side〕을 보는 태도라고 설명하고 있었다. 낙천주의자라고 하면 늘 세상일이 잘 풀려나갈 것이라고 믿고 느긋하게 행동하는 성격 좋은 사람이 떠오르지만 한편으로는 미래의 어려운 일에 대한 대비가 부족하고 게으르다는 부정적인 이미지가 떠오르기도 한다.

몇 년 전에 작고한 루스 베이더 긴즈버그 미 연방대법관은 자신의 인생을 회고하는 대담에서, 더 나은 세상으로 나아가고 또한 그러한 세상에 대한 희망을 잃지 않기 위하여 어떠한 태도를 가져야 하는가에 대한 질문에 모두가 '호전적인 낙관주의자〔belligerent optimist〕'가 되어야 한다는 인상적

안타깝지만 원고가 졌습니다

인 답을 하였다.

긴즈버그 대법관은 인종차별주의, 남성우월주의와 함께 맹목적 반공주의인 매카시즘이 지배하던 미국 사회에서 여성이자 유대인으로서 겪어야 했던 온갖 부당한 차별과 싸웠던 진보주의자로 많은 미국인들의 존경을 받았다. 이 대담 당시는 트럼프 행정부 시대로 미국이 1960년대 이후 이루어온 많은 민주적이고 진보적인 가치들이 퇴행되던 암울한 시기였다. 민주당 정권으로 바뀐 후에도 트럼프가 임명한 극보수적인 대법관들이 대법원의 다수를 차지해 종래 여성이나 소수인종, 사회적 약자들의 손을 들어주었던 판례들을 뒤엎고 있다.

진보주의자들은 세상이 지금보다 더 나아질 수 있다고 믿는다는 점에서 기본적으로 낙관주의자라고 할 수 있다. 그러나 긴즈버그가 애써 말하고자 하는 것은, 그 낙관주의가 더 나은 세상이 저절로 이루어진다는 소극적이거나 종교적인 믿음이 되어서는 안 되며, 세상을 다시 과거로 되돌리려는 회고적이고 퇴행적인 세력의 시도에 맞서 싸우는 낙관주의가 되어야 한다는 것이다. 그 싸움은 우리의 일상생활에서 늘 일어난다. 시인 김수영은 4.19혁명 직후에 쓴 시에서, 민주주의의 적은 선량한 얼굴을 하고 늘 우리 곁에 있으며, 민주주의를 위한 싸움은 보이지 않으며, 쉬지 않으며, 멋지지 않으며, 하늘과 땅 사이에 가득 차 있어서 '하늘에 그림자가 없듯이 민주주의의 싸움에도 그림자가 없다' 고 노래하였다.

전두환 군사정권 시대가 배경이었던 영화 〈변호인〉에서 세금 전문 변호사로서 안온하게 살아가던 주인공이 어느 날 단골 국밥집 대학생 아들이 시국사범으로 고문당하여 생긴 상처를 보고, "이러면 안 되는 거잖아요!"라고 외치는 장면이 떠오른다. 가난해서 대학도 못 간 주인공이 좋은 머리로 변호사가 되어 편안하게 살아가면서 막연히 세상이 좋아진다고 믿고 있다가, 문득 법대로 돌아가지 않는 현실을 깨우친 것이다.

우리나라에서도 1987년 민주화 이후 이루어 내었던 유례없는 정치적 사회적 발전들이 지난 1년 동안 후퇴하고 있다. 비정상적으로 여겨졌던 일이 일상화되어 이제는 무감각해질 정도이다. 더 문제인 것은 임기 초반인데다가 검찰권까지 장악한 무소불위의 권력 앞에 언론이나 야당이나 무기력하기만 한 모습을 보이는 것이다. 게다가 자신의 생존과 이익에만 골몰하여 정치에 무관심한 젊은 세대는 민주주의가 번창할 수 있는 기반을 무너뜨리고 있다.

우울한 시간들이어서 낙천주의라는 알약이 필요한 때이지만 그 낙천주의는 나무 그늘 아래에서의 백일몽이 아니라 지금 이러면 안 되는 거라고 분연히 외치는 낙천주의가 되어야 할 것이다.

입맛대로 고르는 법치주의

"하나의 유령이 대한민국을 떠돌고 있다. '법치주의' 라는 유령이…" 칼 마르크스의 「공산당 선언」을 흉내 내서 말해 보았다. '법치주의' 라는 말이 횡행하는 세상이 되었다. 정치적으로 상대편을 공격할 때 법치주의를 훼손하고 있다고 비난하는 것이 현실에서 가장 흔한 레토릭이 되었다.

통치자의 변덕스러운 자의恣意에 의해 세상의 질서가 유지되는 것이 아니라 미리 국민의 위임을 받은 대표자들이 다수결로 만들고 공포된 법률에 의해서 세상이 움직인다는 법치주의나 혹은 영미법에서의 '법의 지배〔rule of law〕' 는 근대 이후 사회의 기본원칙이 되었다.

근대 이후의 역사에서 법치를 부르짖는 소리가 요란한 시기는 평온한 시기가 아니었다. 특히 히틀러 같은 독재자들일수록 법치를 부르짖으면서 권력을 잡고 그 명목으로 인권

거칠고 날 선 정의

을 유린하였음은 역사적 경험으로도 잘 알고 있다. 나치 형법에는 '건전한 민족감정에 비추어 처벌받아 마땅한 행위를 한' 자는 처벌한다는 규정이 있었다. 옛날 우리 국가보안법에도 '적을 이롭게 한' 자는 처벌하도록 되어있었다. 조선시대 형벌의 근거가 된 대명률大明律에는 "무릇 마땅히 해서는 안 될 행위를 한 자는 태笞(볼기를 치는 형) 40에 처한다."는 조항이 있었다고 한다.

우리는 이제 이러한 법이 지배하는 사회를 법치주의라고 하지는 않는다. 법치주의는 민주주의를 전제로 한다. 실질적인 법치주의를 위해서는 우선 그 법이 근대 이후의 민주주의 사회의 기본원칙에 어긋나지 않아야 하는 것이다. 우리나라도 민주화를 이룬 이후 형식적인 의미의 법치주의가 지배하고 있다는 사실을 부인하기는 어렵다. 법에 위반되는 행위는 그 자체로 효력이 없으며, 형사처벌의 대상이 되기도 한다.

그러므로 어떻게 보면 국민의 자유를 제한하거나 의무로 부과하는 것은 위임을 받은 대표들이 만든 법에 의하여야 하고, 모든 국민이 그 법을 지켜야 한다는 의미의 법치주의는 지금 현실에서는 별 의미가 없는 것이다. 지금 회자되는 법치주의의 침해는 제정법을 어겼다는 의미라기보다는 차라리 헌법정신이나 우리 사회의 건전한 상식에 반한다는 정도의 뜻으로 쓰이는 것 같다.

그러한 의미의 법치주의는 각자의 생각이나 가치관에 따

안타깝지만 원고가 졌습니다

라 구체적인 사안에서 다르게 나타나는 것이어서 무엇이 법치주의에 맞거나 어긋나는 것이라고 잘라 말하기가 힘들다. 어떤 법학자가 법치주의라는 표현은 결국 우리 측 주장이 옳다는 이상의 의미가 별로 없다고 말한 것도 이런 의미일 것이다. 브라이언 타마하나라는 법학자는 현대사회에서 법치주의는 '대단히 모호한 개념'이며, '온갖 다양한 방식으로 이해되고 있으며', 모두들 지지하지만 그것이 무엇인지에 대하여는 각자 다른 확신을 가지고 있다는 점에서 선善의 개념과 유사하다고 하였다.

추미애 법무부장관과 윤석열 검찰총장 사이의 대립에 관하여도 윤 총장을 옹호하는 사람들은 검찰권의 권력으로부터의 독립을, 추 장관의 입장을 지지하는 사람들은 무소불위의 검찰 권력에 대한 통제를 각각 법치주의의 요체로 내세우면서 상대방이 법치주의를 훼손하였다고 비난했다. 각자 정치적 입장에 따라 법치주의의 요소 하나를 골라잡아 그 주장의 근거로 삼은 것이니, 자신이 옳고 상대는 그르다는 것 이상의 의미가 없다.

현대사회에서 법치주의를 위협하는 요소 중 하나로 국민의 정치성향 양극화를 든다. 최근 미국 대선에서 극명하게 드러났듯이 사람들의 정치적 성향은 비슷하게 양분되어 있고 무엇보다 고착화되고 있어 논쟁이나 설득에 의해 바뀌지 않는다. 그 대립은 점점 첨예해져 객관적으로 드러난 결과도

음모론을 내세워 부정하는 지경에 이르렀다. 현대의 법치주의가 개개의 법조문이 아니라 국가의 구성원들이 일반적으로 공유하고 전제로 하는 가치인 헌법정신을 따르는 것으로 본다면 이러한 극단적인 정치적 양극화는 법치주의의 존립 근거를 없애고 그 말을 공허하게 만드는 것이다.

법치주의라는 말이 공허하게 들리고, 남용되고 오용되는 것은 우리 사회의 구성원들 사이에 우리 사회를 이루는 기본 원리에 관한 합의가 없거나 무너지고 있다는 뜻이다. 법치주의를 확립하자는 것은 법을 엄격히 집행하자는 것이 아니라 이러한 합의를 다시 정립하고 공유하자는 움직임이 되어야 한다.

창랑滄浪의 물이 흐리면*

　노무현 대통령 이후 20년 가까이 민주당 지지자로 대구에서 살아왔다. 민주당을 진보라 부르고 국민의힘을 보수라 부르는 편의적이고 상대적인 분류에 따른다면 나름 진보의 편에 서왔던 셈이다. 박정희 대통령 이후 60년간 '보수의 성지'로 불리는 곳에서 진보적인 정치적 입장을 취한다는 것은 스스로 소수의 입장에 서는 위험과 불이익을 선택하며 살아가는 것이다.

　민주화 이후 중앙정부가 교체된 적은 있지만 우리 지방은 늘 보수를 표방하는 정당이 지배하여 왔다. 특히 환갑이 넘은 동년배 세대들은 정치적 색깔이 대부분 비슷해서 낯선 사람들을 만나도 당연히 같은 성향을 띤 것으로 지레 생각

---

* 2022년 3월 9일에 있었던 제20대 대통령 선거에서 국민의힘 윤석열 후보가 아슬아슬한 표 차이로 당선되었다.

하는 바람에 당혹스러운 경우가 많다. 사회생활을 하면서 이러한 정치적 성향이 널리 알려져 불이익을 겪는 경우도 간혹 있었고, 인간적인 관계가 소원해지는 경우는 자주 있었다.

이번 대통령 선거도 지역의 진보를 자처하는 분들이 전례 없는 절박감을 가지고 노력하였지만 역시 이 동네에서 진보는 20% 내외의 소수자에 불과하다는 사실을 확인하게 되었을 뿐이다. 보수의 아성에서 진보로 살아가는 일은 마치 어떤 장애를 안고 살아가는 것처럼 힘든 일이다. 성격이 모나고 잘 화합하지 못하는 별난 사람으로 취급되기 일쑤여서 그냥 다수에 투항하여 마음의 평화를 얻자는 유혹을 느끼기도 하고 더 늙으면 실제 그렇게 될 것 같기도 하다.

박근혜 대통령 시절 사람들에게 이런 요지의 이야기를 우스개로 한 적이 있었다. 사회를 변화시키기 위해서는 소수의 아웃사이더인 우리 자신들이 즐거워야 한다. 우리가 더 많이 웃고 더 많이 베풀고 더 너그럽고 겸손하며 더 건전해질 때 지역사회가 변하는 것이지, 책을 많이 읽고 훌륭한 사상을 떠든다고 바뀌는 것이 아니다. 내가 집에 충실하지 못하여 가정이 평화롭지 않으면 마누라도 투표소에 가서 박근혜를 찍는다. 집 식구들도 감화시키지 못하면서 밖에서 아무리 고상한 말로 떠든들 무슨 소용이겠는가.

옛날이야기지만 해방 직후의 정국에서 진보적인 운동이 많이 시작된 곳이어서 대구를 '동양의 모스크바'라고 부르

안타깝지만 원고가 졌습니다

기도 했다고 하고, 1956년 대통령 선거에서는 이승만에 맞선 무소속 진보 후보인 조봉암이 대구에서 무려 72.3%의 표를 얻어 개표를 지켜보던 지방경찰청장이 공포에 질려 졸도했다는 이야기도 있다. 정치적 다양성이 없는 사회는 쇠락하기 마련이다. 소득수준은 전국 최하위권인 데다가 좋은 일자리도 부족하여 젊은이들이 빠져나가고 인구도 줄고 있는 도시에서 도대체 무엇을 지키려고 이렇게 보수 일변도인지 의아할 때가 많다.

이번 대통령 선거에서, 특히 지역에서의 결과로 인해 실망감과 열패감을 느끼는 분들이 주위에 많다. 언제 우리가 주류인 적이 있었던가! 늘 소수였기 때문에 더 필요한 일이었고 자랑할 수 있는 일이기도 했다. 슬기로운 대구 진보 생활을 위해서 이 상황에서 필요한 것은 분노나 실망이 아니라 니체적인 명랑함이 아닐까.

세상은 개개인의 바람을 외면한 채 도도히 흘러간다. 어떤 정치적 소신을 가지는 것은 세상의 변화를 도모하기보다 먼저 자신이 더 나은 사람이 되기 위해서라고 생각하려 한다. 고대 초나라 시인 굴원屈原이 중앙정치에서 패퇴하고 낙향하였을 때 노래하였듯이, 창랑의 물이 맑으면 갓끈을 씻고 창랑의 물이 흐리면 그저 발을 씻을 따름이다.

남의 빚 갚아주기

우리 세대의 성공담 중에는 '무능하고 마음 좋은 아버지'가 많이 등장한다. 남의 부탁을 거절하지 못하는 아버지가 빚보증을 잘못 서 가산을 탕진해 어려운 유년 시절을 보냈다는 회고다. 옛날에는 은행에서 대출을 할 때에도 보증인을 요구했고, 청년이 직장을 얻을 때에는 신원보증인을 세워야 했다. 끈끈한 인간관계를 내세우는 사회에서는 이를 매정하게 거절하는 일이 쉽지가 않았다.

정지아의 베스트셀러 소설 『아버지의 해방일지』에서도 작가의 오지랖 넓은 빨치산 출신 아버지는 '뼈가 삭게 일을 해서 돈이 조금 모이면' 남의 빚보증을 잘못 서 번번이 한 방에 날려먹었다. 결국 딸에게까지 그 책임이 미치게 되었을 때 어머니가 내뱉는 넋두리는 우리 세대에게 그렇게 낯설지가 않다. "아이고, 워디 물레줄 것이 없어서 허다 허다 빚까지 물레줄라요? 애비가 돼가꼬 딸내미한테 해준 것이 멋이 있다고 쟤를 보증을 세우요. 세우길." 지금은 금융기관에서 보증인을 요구하는 경우도 잘 없고 신원보증인도 없어졌다. 제도 이전에 남의 빚보증을 서줄 만한 인간관계가 먼저 사라져 버렸다.

이번에 우리 정부는 일본의 대기업들이 강제징용 피해자들에게 부담하여야 할 손해배상금을 우리 기업들로부터 돈을 거두어 대신 갚아주겠다는, 냉혹한 국제사회에서 보기 드물게 마음 좋은 결정을 내렸다. 일본과의 관계 개선을 바라는 선의에서 나왔다는 이 방안이 여론의 뭇매를 맞고 있는 것은 일반 국민의 건전한 상식과는 너무나 동떨어졌다는 점일 것이다. 멀쩡한 일본 전범戰犯 기업의 빚을 떠안겠다는 것도 그렇고, 더구나 그 기업이나 일본 정부가 채무자들에게 빚이 있다는 사실 자체를 부인하고 있음에도 피해자인 우리 정부가 스스로 갚겠다고 나서는 것도 자존심이 상하는 일이다. 우리 대법원 판결이 잘못되었다고 스스로 인정하고 사죄하는 꼴이 되었다.

물론 민법에서는 이해관계 없는 제3자도 남의 빚을 갚을 수 있도록 하고 있다. 그러나 이 사건의 경우에 피해자들의 채권은 강제징용으로 인한 재산적 손실이 아니라 정신적 보상인 위자료다.* 대법원 판결에서 밝힌 피해자들이 태평양전쟁과 중일전쟁의 말기에 일본 군수기업에 동원되어 겪은 참혹한 고통을 읽어보았다면, 가해자에게 아무런 사과나 반성도 요구하지 않고 어느 주머니에서 나왔든 같은 돈이니 받고 잊으라는 방안은 피해자들의 탄식처럼 과연 어느 나라 정부인지를 의심케 하는 일이었다.

돈을 내는 우리 기업의 경우에도 수많은 주주의 재산을 상관도 없는 남의 빚을 갚는 데에 쓰는 경영진의 결정이 배임죄에 해당할 수도 있고, 이를 기업에 요구하는 정부는 제3자 뇌물죄의 책임을 질 수 있다는 말도 나온다. 허무맹랑한 생각으로 여길 수도 있지만 권력의 향배에 민감하여 '바람보다 더 빨리 눕고, 바람보다 먼저 일어서는' 검찰이 언제 방향을 바꿀지 누가 알겠는가.

이런 무리한 일의 명분이라는 한미일 군사동맹도 탈냉전 시대에 시대착오적인 일로 보이고, 미국과 일본을 합친 것보다 훨씬 많은 교역을 하는 중국과 대립각을 세우는 것도 실리에 반한다. 윤 대통령이 과거에 문재인 정부를 비난하며 했던 말이 떠오르는데, 과거의 말로 현재를 반박할 수 있다는 것이 윤 대통령의 특징이기도 하다. "임기 5년이 뭐가 대단하다고. 너무 겁이 없어요!"

---

* 정부는 강제징용 피해자나 유족이 수령을 거절한다는 이유로 법원에 공탁을 하려고 하였으나, 법원은 이를 거부하고 있다. 결국 대법원 판결에 따라야 하겠으나 현행 민법의 해석상 법원의 공탁 거부는 인정되지 않을 가능성이 크다고 생각한다.

안타깝지만 원고가 졌습니다

명분 없는 배신*

단테의 『신곡』 '지옥' 편의 마지막인 34곡은 신뢰를 배반한 배신자들을 다루고 있다. 단테는 지옥의 맨 밑바닥에서 지옥의 마왕인 거대하고 흉측한 루키페르는 "세 개의 입은 죄인 하나씩을 물고 이빨로 찢는데 마치 삼을 갈기갈기 찢어발기는 것과 같았다."고 적고 있다. 배신을 상징하는 이 역사 속의 인물 세 사람은, 예수를 팔아넘겼다는 유다와 시저를 죽인 카시우스와 브루투스다.

이스라엘 작가로 노벨문학상까지 받은 아모스 오즈는 생의 마지막 소설로 『유다』를 썼다. 이 소설에서 오즈는 배신의 상징이자 예수를 십자가에서 죽게 한 유다를 달리 보고 있다. 유다를 예수의 신성神性을 확신한 최초의 기독교인이

---

* 제20대 대통령 선거 운동이 뜨거워지던 2021년 11월경에 쓴 글이다.

라는 것이다. 이 소설에서 유다는 스승 예수가 하느님임을 의심치 않으며 마지막 순간에 십자가에서 스스로 내려오는 기적을 행함으로써 세상을 바꿀 것이라고 확신하였고, 이런 이유로 그를 위험한 예루살렘으로 이끌었고 로마군에게 예수가 어디 있는가를 알려줬다는 것이다. 예수가 십자가에서 무력하게 죽자 실망한 나머지 스스로 목숨을 끊어 예수와 함께 죽었고, 그가 없는 세상에서 더 살려 하지 않았던 유다에게 배신은 충성과 헌신의 또 다른 모습이었다.

양부養父였다고도 하며 그에게 은전과 호의를 베풀었던 로마의 영웅 시저를 모반자들 중에서 마지막으로 찌른 브루투스는 또 어떨까? 셰익스피어의 희곡 『줄리어스 시저』에서는 브루투스의 행동을 로마 공화정을 지키기 위하여 강력한 독재자의 등장을 막으려는 명분을 가진 것으로 설명한다. 브루투스가 자신을 찔렀을 때 시저는 "브루투스, 너도? 그러면 시저여, 쓰러져라!"라는 유명한 말을 부르짖으면서 죽었다고 할 정도로 자신이 보호하고 총애한 브루투스가 모반에 가담했다는 사실이 뼈아팠다. 시저가 죽은 후 로마의 평민들 앞에서 벌어진 시저의 후계자 안토니우스와의 연설 대결에서 브루투스는 자신이 누구보다도 시저를 사랑했다고 말하면서 모반의 명분을 이렇게 내세웠다.

"어찌하여 브루투스가 시저에 맞섰는가 묻는다면 시저에 대한 사

안타깝지만 원고가 졌습니다

랑이 덜한 것이 아니라 로마에 대한 사랑이 더했다는 것이오. 시저가 살고 여러분은 노예로 죽기를 원하오? 시저가 죽고 자신들은 자유민이 되기를 원하오?"

우리 현대사에서 1979년 10월 26일 중앙정보부장 김재규가 박정희 대통령을 살해하는 대격변이 일어났을 때 이를 주류 언론에서는 패륜적인 배신으로 보았다. 자신을 중용하고 차지철 경호실장과 함께 권력의 축으로 삼은 대통령을 저격한 것은 신뢰를 배반한, 인간으로선 해서 안 될 짓이라 했다. 당시의 한 칼럼에서는 "그는 은혜를 원수로 갚고 신뢰를 배반했을 뿐이다. 그 한 가지로서 그는 인간 이하로 떨어진 것이며 개만도 못한 인간이 된 것이다."

그러나 김재규는 재판과정에서 자신의 행위의 명분을 '민주회복 국민혁명'을 기도한 것으로 내세우며, '소신과 신념과 확신을 가지고 한 혁명'이므로 변호인은 필요 없다고까지 하였다. 그는 박정희가 시위대에 대해 발포하겠다거나 차지철이 캄보디아에서는 킬링필드에서 200만~300만을 죽이고도 까딱없으니 우리도 100만쯤 죽여도 문제없다는 등의 말을 한 것을 듣고 거사를 시도하였다고 변명하였다.

옛날에 보았던 재미있는 한국영화 〈범죄와의 전쟁〉에서, 조폭인 하정우는 할아버지뻘인 일족—族 최민식이 어떤 호텔 나이트를 확보하기 위해 과거 동료였던 조폭 조진웅을 쳐달라고 부탁하자 이렇게 말한다. "명분이 없어요. 명분이…."
그러자 최민식은 일부러 조진웅을 자극해 얻어맞고, 하정우
는 집안 할아버지를 때렸다는 명분을 내세우며 친구였던 조
진웅의 조직을 친다.

사람은 살아가면서 어쩔 수 없이 크고 작은 신뢰를 저버
리는 행동을 하기도 한다. 사람들은 그럴 때마다 그 신뢰의
가치를 넘는 명분을 내세운다. 그 명분은 타당성이 없는 자
기 합리화에 불과한 경우도 많지만 앞의 이야기들처럼 후세
의 역사의 흐름에 의해 설득력을 가지기도 한다.

문재인 대통령이 취임하자마자 단행한 인사 중에 나에게
가장 충격적이었던 것은 윤석열 당시 대전고검 검사를 '검
찰의 꽃'이라는 서울지검장에 임명한 것이었다. 검사장 승
진에서 탈락한 평검사를 고검장급으로 분류되던 서울중앙
지검장에 임명하기 위하여 서울중앙지검장의 급을 일반 지
방검사장급으로 조정하기까지 했다. 기수를 중시하던 검찰
문화에서 대단히 파격적인 중용이었다. 또 2년 후에는 많은
반대에도 불구하고 검찰의 수장인 검찰총장으로 임명하기
까지 하였다.

그러나 윤석열은 검찰총장으로 재직하면서 대통령과 대
립하고 이를 통하여 야당의 지지를 얻는 자신의 정치를 하였
다. 가장 직접적인 계기는 자신의 상관인 법무부장관에 자신
이 반대하는 조국을 임명하였다는 것이며, 이를 무산시키기

위하여 자신에게 허용된 모든 권한을 행사하였다. 그가 검찰총장에서 물러나기 전날에 보수의 성지라는 대구를 방문하여 출정식과 비슷한 행사를 벌이고, 현 정권을 신랄하게 비난하면서 지지자들을 규합하여 퇴진한 지 몇 달 만에 자신의 검찰총장 임명을 극렬히 반대하며 인사청문회보고서 작성도 거부했던 야당에 입당하여 대통령 후보를 거머쥔 것은 우리 현대사에서도 유례를 찾기 힘든 일이다.

그가 후보 경선과정에서 자신이 대통령으로 당선되는 것이 문재인 정부에 가장 뼈아픈 일이 될 것이라고 말한 것은 참 이해하기 힘든 배신행위다. 그가 자신을 과분하게 평가하여 중용하고 큰 권력을 갖게 하고 정치적으로 클 수 있는 배경을 마련하여 준 대통령을 배신하는 명분은 무엇인지 아무리 곰곰이 생각해도 잘 떠오르지 않는다. 자유민주주의를 수호한다는 말을 하지만 우리나라가 권위주의적 독재국가라고 생각하는 사람은 없을 것이며, 자유민주주의가 위기에 처했다는 사람도 거의 없을 것이다.

영국《이코노미스트》에서 발표한 2020년 세계민주주의지수에서 우리나라는 '완전한 민주주의(full democracy) 국가'로 분류되었으며, 이는 우리가 민주주의의 전형이라 부르는 프랑스나 미국보다 앞선 것이다. 민주주의의 척도인 언론의 자유에서도 우리는 그 자유가 지나친 것을 걱정할 정도이며, 사법권의 독립에서도 대통령에게 신발을 던진 행위를 무죄로 판결할 정도로 권력에 독립해 있다. 검찰권의 독립은 그 자신이 직접 몸으로 시전해 보였으니 두 말할 필요도 없을 것이다.

그는 대통령에 의하여 임명된 고위 공무원으로 얻은 정치적 자산을 대통령을 비난하고 그 정부를 무너뜨리는 데에 쓰고 있다. 그의 이런 배신행위는 그저 자신의 권력욕을 채우는 것과 나아가 검찰조직을 개혁으로부터 보호하겠다는 것 이외에는 아무런 명분을 찾을 수가 없다. 그가 꼭 대통령이 되고 싶었다면 대통령의 호의에 의하여 받은 정치적 자산으로부터 좀 간격을 둔 차차기에 출마하는 것이 옳았을 것이다. 이러한 명분 없는 배신행위가 용인되고 큰 호응을 받는 것을 지켜보는 일은 아무래도 좀 씁쓸하다.

안타깝지만 원고가 졌습니다

조로남불과 강남좌파

팝 역사상 가장 위대한 곡을 꼽으라면 많은 사람들이 비틀즈의 리더였던 존 레논이 만들고 부른 〈이매진Imagine〉을 말한다. 이 노래는 국가와 종교와 소유를 초월한 평화로운 이상향을 그리고 있는데, 그 가사 중에는 '소유가 없다고 상상해 봐요(Imagine there' s no possesion)' 라는 구절이 있다. 이를 두고 존 레논을 무소유를 주장한 백만장자라고 비아냥거리는 사람들이 있었다. 자신은 무소유를 노래하면서도 실제로는 이런 노래들로 엄청난 재산을 모았다는 모순을 지적한 것이다.

노벨문학상을 받을 정도로 노랫말이 좋았던 포크 가수 밥 딜런은 한때 연인이기도 했던 존 바에즈와 함께 반전과 평화를 노래하였다. 존 바에즈는 밥 딜런과 헤어진 이후에도 시위에 나서고 당시 미국과 전쟁 중이던 북베트남을 방문하는 등의 적극적인 정치활동으로 투옥이 되기도 하였지만, 밥 딜런은 노래를 부르는 것 이외에는 어떠한 정치활동에도 가담하지 않았다. 훗날 밥 딜런은 존 바에즈를 만난 자리에서, '당신은 노래가 세상을 바꿀 수 있다고 믿지만 나는 그렇지 못해' 라는 말을 하였다고 한다.

역사 이래로 세상의 많은 정치인, 사상가, 문화예술인들이 사회적 약자들을 우선하는 진보적인 입장을 취하면서 위대한 업적을 이루어 내고, 이러한 작업이 세상을 더 살 만한 곳으로 발전시켜 온 것은 틀림이 없는 사실이다. 의견이 다른 사람들은 이러한 업적들을 비난하거나 폄훼하기 위하여 종종 그 업적 자체가 아니라 그 사람의 사생활이나 그 주변의 사실을 지적하고는 한다. 칼 마르크스나 루소 등의 위인에 대하여 확인되지 않은 추문을 다룬 책이 많이 나와 있다.

이러한 사실은 흥미롭기는 하지만 결코 그 사상이나 그 사상이 가져온 역사의 발전을 무가치하게 만들지는 않는다. 어떠한 인물이 가지는 생각이 그 사람의 행동과 완전히 일치할 수는 없다. 위대한 사상은 시대를 앞서가는 것이지만, 구체적인 인간은 지금 여기서 온갖 필요와 욕망에 묶여 있는 것이다. 내가 『무소유』라는 책을 샀을 때 그 책이 나의 소유가 되고, 내가 지불한 돈의 일부는 작가의 소유가 된다는 사실은 아이러니한 일이긴 하지만, 그렇다고 그 책이 지니는 사상의 가치가 없어지거나 내가 읽고 느낀 감동의 가치가 줄어들지는 않는다.

　법무부장관을 사퇴한 이후에도 논란의 중심에 있는 조국 전 장관의 경우에도, 그 의혹의 내용에 비하여 비난의 정도가 더 심한 것은 본인 자신이 사회적 약자 편에 선 입장을 견지하여 왔고, 공정한 사회를 부르짖어 왔다는 사실에 기인한 면이 큰 것으로 보인다. 진보의 부끄러운 민낯이라거나 조로남불 등의 조롱이 그런 연유에서 나왔다.

　대중의 이런 폭발적인 감정에는 그동안의 믿음에 대한 큰 실망이 분명 있을 것이다. 그러나 노동자의 권리를 주장하는 사람이라고 해서 자녀의 진학을 막고 억지로 노동자로 만들 수는 없으며, 이를 표리가 부동하다고 비난할 수는 없는 일이다. 우리가 공적公的으로 표방하는 신념은 자유롭지만 현실의 개인은 여러 인간관계망 속에서 위치하며 복잡하게 얽힌 이해관계 속에서 구체적인 행동의 폭은 좁을 수밖에 없다.

　최근 고액 강연료 문제로 구설수에 오른 연예인 김제동의 경우도 이와 비슷하다. 더 많은 출연료를 받는 연예인들에 대하여는 일언반구도 없으면서 김제동이 사회의 정의와 공정을 말한다는 이유로 그 금액이 논란이 되는 것이다. 재정이 빈약한 지자체나 학생들의 등록금으로 치러지는 학교행사에 지나친 비용을 들여 유명 연예인을 초청하는 구조적 문제를 지적하는 것이 옳은 일이지, 특정 출연자의 성향을 들어 이를 집어내어 선택적으로 문제 삼는 것은 앞뒤가 맞지 않는 일이다.

사실 개개인이 자신이 위치한 사회경제적 입장에 서서 그 이익에 부합하는 정치적 결정을 내리는 것이 자연스럽기도 하고 이는 민주주의의 요체이기도 하지만, 실제로는 일치하지 않는 경우가 많다. 보수적인 공화당과 진보적인 민주당이 첨예하게 대립하고 있는 미국에서도, 오히려 가난하고 학력이 낮은 노동계층에서 부자감세와 복지의 축소를 내세우며 부자들을 위한 정책을 펴는 공화당을 지지하는 경향이 높다는 것은 늘 지적되어 온 일이다. 소득수준이 높은 전문직 중산층들이 사회적 약자를 위한 정책을 펴는 민주당의 주된 지지세력인 것이다.

조국 전 장관을 둘러싼 광풍을 겪으면서 합리적인 목소리를 내는 중도층의 입지가 많이 줄어들었다는 느낌이 든다. 특히 도덕적 염결성을 의심받게 된 소위 '강남좌파'는 그 주장의 타당성과는 상관없이 희화화되어 버렸다. 산업화 과정의 어려운 시절을 겪으면서 공부하고 자리를 잡은 이 세대들은 우리나라 민주화의 주역들이기도 하지만 또한 급속한 사회의 변화가 가져온 모순에서 자유롭지 못하기도 하다. 이번 사태로 인하여 조국이라는 한 개인이 표상하는, 고학력 중산층 전문직이면서 진보적인 목소리를 내어 우리 사회의 선한 변화를 이끌어 온 집단의 말과 행동의 힘이 위축되는 것은 있어서는 안 될 일이다.

법정의 언어, 공감의 언어

2022년 가을에 이태원 참사가 발생한 직후 이상민 행정안전부 장관이 한 말들은 비탄과 충격에 빠진 국민들을 더욱 분노케 하였다. 그는 사법시험에 소년등과한 후 판사로 오랜 경력을 쌓았는데, 대통령의 고교와 대학 후배로서 평소 막역하였다고 한다.

경황이 없던 상황에서 그가 한 말들은 사회질서를 유지해야 할 총책임자로서가 아니라 법을 다뤄온 경험에서 책임 추궁을 면하려는 방어기제가 작동한 '법정의 언어'로 들린다. '예년과 비교했을 때 우려할 정도로 많은 인파가 모인 것은 아니었다'는 말은 경찰력을 동원하지 않은 잘못을 부정하는 의미로, '경찰·소방 인력이 미리 배치됨으로써 해결될 수 있었던 문제는 아니었다'는 말은 현장에 경찰력이 없었다는 사실은 많은 인명손실이라는 결과와 인과관계가 없

거칠고 날 선 정의

다는 또 하나의 도피로를 마련하기 위한 것으로 들린다.

또한 "정확한 사고 원인이 나오기 전까지는 추측, 선동성 주장을 해서는 안 된다."는 말에서는 헌법에 규정된 무죄추정 원칙을 떠올리게 된다. 나에게 돌을 던지려면 너희들이 증거를 대라는 식이다. 어떤 나쁜 일이 일어났을 때 국민들이 높은 관직에 있는 사람에게 묻는 것은 법적인 책임이라기보다 도의적·정치적 책임인 경우가 많다. 수많은 죽음이라는 엄청난 고통 앞에서 이에 공감하기는커녕 법적인 책임을 면하려는 법정의 언어로 답하는 것은 자신이 행사하는 큰 권력과 이에 따르는 넓은 책임을 망각한 너무나 실망스러운 처신이다.

제20대 대통령 선거에서 윤 대통령을 선택했던 주위 사람들은 문재인 전 대통령이 자기 쪽 사람들만 중용함으로써 편가르기 정치를 했다고 생각하고, 정치 경험이 없는 윤 대통령은 인연에 얽매이지 않고 유능한 사람들을 골고루 쓸 것이라고 하였다. 본인도 검사 생활이 경력의 전부여서 세상 물정에 취약한 점을 인정하고, 대통령이 모든 현안에 대해 다 알 필요는 없으며 똑똑하고 유능한 인재를 등용하여 일을 맡기면 되는 것이라고 누누이 주장하였다.

그러나 그 이후 인사를 보면 이러한 바람은 허사인 것 같다. 측근인 검사 출신들을 중용하여 별 관계없는 자리까지 채웠는데, 특히 행정안전부 장관이라는 중요한 자리에 업무

안타깝지만 원고가 졌습니다

와 관련된 경력이 없는 판사 출신을 기용한 것은 뜻밖이었다. 어떤 야당 정치인은 한동훈에게는 검찰을 맡기고 이상민에게는 경찰을 맡겨 두 복심腹心이 수사기관을 장악하도록 하였다고 말했다. 이 장관은 그 기대에 부응하듯 내부 반발을 무릅쓰고 행정안전부 안에 경찰국을 신설하여 경찰의 독립성을 침해하였다.

검사나 판사는 현실을 날것으로가 아닌 기록으로 접한다. 하나의 사건에는 당사자 개개인의 땀과 눈물이 뒤섞여 있지만 법관에게는 처내야 할 두터운 기록일 따름이다. 사건의 속살을 파악하기보다 기존의 법리를 적용하기 좋게 사안을 잘 다듬어 내어 법정의 언어로 말하는 것이 그 역할이다. 법정의 언어는 사람의 고통에 공감하지 않는다. 의심하고, 따져보고, 살펴보는 말들이다. 윤 대통령이나 이 장관이나 모두 법조인으로 살아와서인지 타인의 감정에 공감하는 능력이 부족하다. 윤 대통령이 현실에서 직접 시민들과 접촉할 때의 말과 태도에서 드러나는 그 '어색한 동떨어짐'은 여기에 기인한 것이 아닐까.

높은 자리에 혹하는 것은 사람의 속성이지만 이 장관은 자신이 잘 할 수 없는 장관직 제의를 사양했어야 했다. 이런 지혜는 드문 것이지만, 지금이라도 자신의 불찰을 깨닫고 그만두는 것이 좋겠다. 늦었지만 더 늦는 것보다는 훨씬 낫다.

책임지지 않는 권력

2008년 2월 취임한 이명박 대통령은 당시 KBS 사장이었던 정연주가 스스로 물러나기를 바랐다. 그가 순순히 물러나지 않자 MB정권은 검찰을 동원하여 KBS를 샅샅이 뒤진 후에 그를 업무상 배임 혐의로 기소했고, 이사회는 이를 이유로 정 사장을 해임했다. 그런데 검찰이 찾아낸 혐의라는 것이 KBS가 국세청과 벌인 소송에서 법원이 권유한 합의안을 수용하였다는 것이었다. 이길 수도 있었던 소송에서 일부를 양보하였으니 KBS가 손해를 봤다는 어처구니없는 논리인데, 당시 검찰 내부에서도 반발이 있었지만 정치적인 목적으로 기소를 감행하였던 것이다.

정 사장은 형사소송에서 당연히 무죄를 받고 해임무효소송에서도 승소하여 해임된 기간 동안의 급여도 소급하여 다 받았으니 KBS로서는 소송비용과 함께 소송이 진행된 기간

안타깝지만 원고가 졌습니다

동안 두 명의 사장 급여를 지급하는 큰 손실을 입게 된 것이었다. 따지고 보면 정권의 요구에 순응하여 정 사장을 기소한 검사가 자신의 임무에 위반하여 국가에 큰 손실을 입힌 배임의 책임을 저야 할 일이었다. 나중에 검찰과거사조사위원회에서는 이 사건 기소를 무죄가 될 것임을 알면서도 일부러 기소한 것으로 판단하여 검찰총장이 사과까지 하였지만, 수사와 기소를 담당한 당시 부장검사는 그 뒤에도 영전을 거듭하여 윤석열 정부에서는 엉뚱하게도 금융감독위원장 후보에도 올랐다.

2013년에 있었던 서울시 공무원 유우성 씨에 대한 간첩사건은 수사기관에서 직접 허위의 출입국 기록까지 조작한 것이 법정에서 밝혀져 무죄판결을 받았다. 증거 조작과 관련하여 국정원 직원들은 형사처벌을 받았지만 검찰은 정작 담당검사에 대해서는 제대로 수사하지도 않고 수많은 증거에도 불구하고 '무능해서 몰랐다는' 이유로 기소도 하지 않았다. 스스로 자신의 무능함을 주장하여 책임을 벗은 이 검사는 유우성 씨와 그 가족들이 오랜 기간 겪은 고통에 대해 제대로 된 사과 한 번 하지 않았지만, 지금은 대통령실 공직기강비서관으로 일하고 있다.

이런 이야기들은 끝이 없다. 강기훈 씨 유서대필 조작사건에서도 국가는 엄청난 배상을 하게 되었지만 곽상도를 비롯한 검사들은 시효가 지났다는 이유로 면책되었다. 검사들의 경우에는 뭉그적거리다 형사상 공소시효나 민사상 소멸시효를 그냥 넘기는 경우가 왜 그리 많을까?

검사도 실수할 때가 있고 잘못을 저지를 수 있다. 그러나 문제는 다른 일반 공무원들과는 달리 검사는 법적인 책임을 지는 경우가 거의 없다는 데에 있다. 다른 사람들의 잘못에는 가을 서리같이 매서운 검찰이 자기 식구들의 잘못에는 봄바람처럼 부드럽다면 누가 검찰이 정의롭다고 할 것인가.

검찰이 기소했지만 법원에서 무죄가 확정된 경우에 담당 검사의 과실이 있는지를 심사하여 근무평정에 반영하는 무죄평정제도가 있지만, 최근의 통계를 보면 검사의 과실이 인정된 경우는 10%에 불과하다. 기소된 개인이 무죄의 확정판결을 받기까지는 금전적으로나 정신적으로나 엄청난 고통을 겪고 기업이 도산하는 경우까지 흔히 보지만, 수사하고 기소한 검사는 대부분 법적 책임은 고사하고 근무평정에서의 불이익조차 받지 않는다는 뜻이다.

권력에는 책임이 따른다. 책임에서 자유로운 권력은 남용되고 오용되기 마련이다. 지금 일부 정치검사들이 보이는 오만과 독선은 책임을 지지 않는다는 자신감에서 비롯된 것으로 보인다. 잘못을 저지른 검사 개개인의 형사적·민사적 책임을 놓치지 않고 엄하게 추궁하는 제도와 분위기를 만들지 않으면 검찰의 횡포를 막기는 어렵다.

백악관에서 팝송 부르기

　윤 대통령의 2023년 봄 미국 방문에서 가장 인상적이었던 장면은 백악관 만찬에서 〈아메리칸 파이American Pie〉라는 팝송을 불러 환호를 불러일으켰을 때일 것이다. 길고도 난해해서 미국인들도 어려워하는 노래를 유창하게 부르는 동영상은 많은 관심을 불러일으켰다. 관심이 곧 돈이 되는 시대에 이런 일은 그 자체로 좋은 일이다.

　그런데 이 이례적인 장면이 나에게는 즐거운 에피소드로 여겨지지 않고 뭔가 마뜩찮은 느낌을 주었다. 어떤 나라에 갔을 때 좋은 결과를 가져오기 위하여 그 나라의 문화나 역사를 미리 공부하고, 또 국민들에게 좋은 인상을 주기 위하여 그 나라의 노래 하나를 준비하였다면 칭찬받을 만한 훌륭한 일이다. 그러나 미국이나 일본은 우리에게는 그저 그런 나라가 아니라 우리 불행한 현대사에 직접 관여하여 우리 정신세계를 지배해 온 나라들이다.

어릴 적에는 주위에 일본 노래를 잘 부르는 어른들이 많았다. 시골이지만 일본 잡지를 읽는 어른들도 있었다. 우리 세대는 팝송에 심취하고 미국 영화를 보며 자랐다. 미국은 모든 좋은 것의 상징이었다. 좋은 물건은 다 미국에서 만든 것이어서 뭘 먹어도 잘 소화시키는 사람을 보고는 우스개로 '미제 밥통'이라고 불렀다. 그때는 위장胃腸을 밥통이라 했다.

윤 대통령도 그런 세대다. 검사 시절에도 두주불사로 잘 알려진 그는 평소 술에 취하면 팝송을 즐겨 불렀다고 한다. 부친은 국비 장학생으로 일본에 유학한 교수여서 빈곤했던 같은 세대들보다 이런 문화에 더 편안하게 접근할 수 있었을 것이다. 〈아메리칸 파이〉라는 노래도 미국의 청년문화인 록큰롤을 찬미하고 있는데, 앨범의 표지는 척 내민 엄지손가락에 미국 국기가 선명하게 그려져 있어 미국제일주의를 노골적으로 드러내고 있다.

미국 방문의 성과에 관해서도 말들이 많지만 즐거운 분위기와는 반대로 미국의 이익과 전략에 종속되어 주변국과의 대치 상황을 악화시키고 지정학적 리스크를 증대시켰다는 평이 많다. 대통령이 부른 노래가 좋은 협상결과를 도출하기 위한 전략이 아니라 그저 일방적인 애정이나 종속의 표현이라면 아무래도 곤란한 일이다.

안타깝지만 원고가 졌습니다

몽테뉴의 『에세』에 보면, 마케도니아의 왕 필리포스가 아들인 저 위대한 알렉산더가 한 연회에서 뛰어난 음악가들과 실력을 다투듯 노래 불렀다는 것을 듣고 "그렇게 노래를 잘하다니 부끄럽지 않은가?"라고 질책했다는 이야기가 나온다. 플루타르코스는 왕이 그런 부차적인 일들에 뛰어나 보이는 것은 보다 필수적이고 유용한 일에 바쳐야 마땅한 여가와 학습을 잘못 사용했다는 증거만 내보일 뿐이라고 하였다. 한 나라의 지도자가 된다는 것은 그 나라의 안전을 확보하고 국민들의 살림살이를 나아지게 할 막중한 책임을 지는 일이다. 사람마다 소질과 성장환경이 달라 생각이나 선호가 다 다르지만 지도자가 되면 이 모든 것을 그 책임에 맞게 맞추려고 노력해야 함에도 윤 대통령은 그런 변화가 없는 것 같다.

대통령이 되자 임기 동안은 즐기던 술을 끊었다는 노무현 대통령과는 달리 떠들썩한 술자리를 계속 가지고 일본 수상과도 폭탄주를 만다. 좋아하는 나라는 계속 좋아하고 싫은 나라는 그냥 싫다. 껄끄러운 사람은 피하고 듣기 싫은 말은 듣지 않는다. 대화는 주로 자신이 하는 말로 채워진다. '자유'를 부르짖지만 국가가 강자의 자유를 제한하기 위해 있는 것이라는 생각은 하지 않는다.

달라져야 하는데 달라지지 않는다. 취임한 지 1년이 넘었지만, 이제라도 좀 달라지길 간절히 바란다.

감사의 말

　사람들은 책을 읽지 않는다는데 책은 점점 더 많이 출간되다고 한다. 제대로 읽히지도 않고 버려지는 책들을 생각하면 그 종이를 만드느라 베어지는 나무에게 미안하다.

　소설가 조지 오웰은 스페인 내전에 참여한 경험을 다룬 『카탈로니아 찬가』 초판을 1,500부 발행하였는데 생전에 반도 팔지 못했다고 한다. 『월든』의 작가 헨리 데이비드 소로는 처녀작 『콩코드 강과 메리맥 강에서의 일주일』을 발간하였지만 팔리지 않아 초판 천 권 중 8백 권을 자기 집에 둘 수밖에 없었다. 그는 자신의 장서가 천 권인데 그중 8백 권이 자신의 책이니 얼마나 대단한 일이냐고 자조하기도 했다.

　사실 책은 팔리지 않는 것이 정상이다. 이 바쁜 세상에 사람들이 남의 생각에 무슨 관심이 있겠는가. 어떤 책이 잘 팔리는 것은 여러 우연이 겹친 특이한 현상일 따름이다. 힘들게 글을 쓰고 책으로 묶어 시중에 내는 것은 대체로 자기만

안타깝지만 원고가 졌습니다

족을 위한 것임에도, 작가는 세상 사람들의 공감을 얻고자 하는 음험한 희망 같은 것을 떨치기 힘들다.

일관된 주제도 없이 여기저기 흩어져 있는 글들을 얼기설기 엮어 책으로 내는 것이 무슨 의미가 있을까마는, 꼭 세상에 뜻있게 쓰일 만한 것은 아니더라도 육십갑자를 한 바퀴 돈 아둔한 사람의 발자취로서의 의미는 있을 것이다.
칼럼을 읽고 출판 제안을 해준 학이사 신중현 대표와 책으로 만드느라 도와준 직원들, 표지를 만들어주신 박병철 교수님께 감사한다.

무엇보다 철저한 무관심으로 글을 쓸 수 있는 환경을 만들어준 아내와 아들이 가장 고마울 따름이다.

감사의 말